Niveau A1 /A2

du Cadre Européen commun de référence pour les langues (CECRL)

Apprendre à parler kabyle en jouant

Mmeslay taqbaylit s wurar

Flashez le QR code pour
télécharger les fichiers audio.

Les fichiers audio sont inclus dans un drive. Pour les télécharger, le mieux, c'est d'utiliser une adresse gmail.
Je vous invite à consulter régulièrement ce drive, j'ajouterai d'autres audio, des vidéos, des bilans à imprimer et des documents pour les profs de kabyle qui souhaitent utiliser de livre.
En cas de difficultés à accéder à ce drive, vous pouvez contacter l'auteur à :
languekabyle531@gmail.com.

- **Les corrigés des jeux et des exercices sont téléchargeables en scannant le même Qr code.**
- **A la fin de votre apprentissage, vous pouvez télécharger le test final. Il faudra une note égale ou supérieure à 30 / 60 pour obtenir le diplôme inclus à la fin de cet ouvrage et que vous pouvez également télécharger.**

Karim KHERBOUCHE
Enseignant de kabyle à l'Association de culture berbère (ACB) de Paris.

Couverture : Karim Kherbouche

Design et conception : Karim Kherbouche

Illustrations : Canva. Quelques images portant une étoile ont été créée sur le site générateur d'images par intelligence artificielle open source et gratuit, craiyon.com en convertissant un texte fourni par l'auteur en image.

Ouvrage entièrement réalisé sur CANVA Education.

Introduction

Le kabyle, au même titre que les autres langues, s'apprend. Notre expérience dans l'enseignement de cette langue en France à des élèves non kabylophones, de différents âges, de niveaux très hétérogènes et originaires de plusieurs pays, nous a fait prendre conscience de la nécessité de mettre en place des méthodes didactiques et pédagogiques efficientes et cela va de la relation éducative qu'établit le professeur avec ses élèves à des démarches didactiques de transposition des savoirs (parler une langue étrangère) en connaissances et compétences susceptibles d'être enseignées dans les salles de classe.
Outre l'approche communicative (qui met l'accent sur la capacité à pouvoir communiquer dans une langue étrangère en prenant en compte la situation de communication) et la perspective actionnelle (qui favorise l'organisation de l'apprentissage par le biais de scénarios réalistes et fédérateurs, qui couvrent plusieurs leçons et mènent à une tâche/projet final qui implique un travail collaboratif), nous proposons ici quelques références théoriques qui sous-tendent cet ouvrage et qui peuvent servir les enseignants novices dans leur préparation du cours de kabyle.
La mise en activité de l'élève exige que les savoirs à enseigner se situent dans la ZPD (zone proximale de développement) (Vygotski), selon ce schéma :

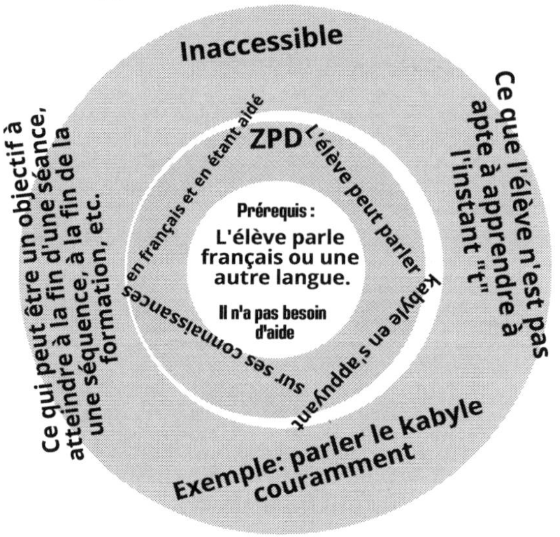

Les situations-problèmes d'apprentissage doivent se situer dans la ZPD de l'apprenant. Si elles sont trop difficiles (ex. demander à un écolier lambda de rédiger une dissertation littéraire), elles mettent l'élève en grande difficulté, ce qui peut le démotiver. Si, au contraire, elles sont trop faciles (ex. proposer à un étudiant en sciences exactes de compter jusqu'à 20!), c'est-à-dire qu'elles n'apportent aucune plus-value à l'apprenant et qu'elles lui demandent de répéter ce qu'il maîtrise déjà, elles deviennent ennuyantes et également démotivantes.
Dans un premier temps, l'enseignement du kabyle nécessite la mobilisation des compétences langagières des élèves dans leur langue maternelle (le français, dans le cas de cet ouvrage). Au fur et à mesure de leurs acquisitions, une évaluation diagnostique de leurs prérequis est indispensable avant d'entamer un nouvel apprentissage, sachant qu'avec l'accumulation des difficultés, l'élève peut décrocher.

Dans l'état actuel des choses, les personnes qui s'inscrivent au cours du kabyle dans les associations ou dans les écoles dispensant cet enseignement, le font volontairement, par amour à cette langue, par simple curiosité ou pour une autre raison. C'est bien mais cela ne suffit pas. On n'est pas sans savoir que le taux de décrochage atteint parfois 95%.
Pour maintenir cette volonté et cet engouement, le professeur de kabyle se doit de préparer en amont ses cours et proposer des activités d'apprentissage motivantes et engageantes.
Connaissant la particularité de ce public d'apprenants (précisant que certains viennent de très loin, après une journée de travail harassante ou sacrifient leur week-end pour assister à ce cours), le cours magistral classique s'avère inopérant. Il faudrait, donc, chercher des solutions dans les pédagogies alternatives et la ludo-pédagogie. Pour ce faire, tout jeu classique peut être détourné à des fins pédagogiques. Et c'est le défi que cet ouvrage se propose de relever.
Par ailleurs, parmi les points à prendre en considération lors de la préparation de son cours, ce sont les modalités d'apprentissage. Il en existe plusieurs : le travail en groupe demeure d'une grande efficacité. L'élève apprend mieux de ses pairs en effectuant des activités le mettant dans le conflit sociocogntif et développe des capacités métacognitives transférables dans d'autres domaines (scolaire, professionnel et psychosocial).
Bruner et Vygotski, deux penseurs influents du socio-constructivisme, soutiennent que le développement intellectuel de l'élève ne peut se concevoir sans les interactions sociales entre lui et son environnement.
Par ailleurs, la taxonomie de Bloom classifie les compétences en différents niveaux de complexité. Elle se compose de six niveaux allant du plus simple au plus complexe (connaissance, compréhension, application, analyse, synthèse, évaluation). En d'autres termes, chaque niveau cognitif requiert des capacités et habiletés intellectuelles développées dans les niveaux inférieurs. C'est là qu'apparaît l'importance de l'évaluation. En effet, qu'elle soit diagnostique, formative ou certificative (sommative), l'évaluation permet à l'élève de se situer dans le processus d'apprentissage et de prendre conscience de ce qui reste à faire pour atteindre ses objectifs et elle permet à l'enseignant de mesurer les acquis de ses élèves afin de proposer des activités d'apprentissage adaptées à ceux-ci.
En outre, il va de soi qu'enseigner aujourd'hui ne peut faire l'impasse des avancées des neurosciences cognitives permettant de comprendre, de manière empirique, le fonctionnement du cerveau et comment les savoirs passent de la mémoire à court terme (la mémoire immédiate de travail, quand l'élève travaille sur ce que son professeur vient de lui apprendre) à la mémoire à long terme (développer des compétences langagières qui durent plus longtemps, voire toute la vie).
Enfin, les élèves n'apprennent pas tous de la même façon. Il en existe plusieurs profils d'apprentissage, notamment ceux qui s'appuient sur l'audition (qui retiennent plus facilement ce qu'on lui dit oralement), la vue (qui mémorisent plus facilement avec les images) et kinesthésie (à qui l'on doit proposer des situations inspirées de son vécu en mettant l'accent sur une odeur, une émotion, un goût, une atmosphère). C'est pourquoi il est indispensable de varier les façon de présenter les consignes de travail, la présentation de ce que l'on doit retenir.

AVANT-PROPOS

Cet ouvrage vise à permettre au lecteur d'apprendre en s'amusant à parler le kabyle dans les situations de communication de la vie quotidienne et sur Internet. Il peut être utilisé en classe ou en auto-apprentissage. Le jeu et la chanson, notamment lors de la phase d'entrainement, y occupent une place centrale. Certains jeux sont connus mais nous les avons détournés à des fins pédagogiques.
Le livre se compose de sept unités (14 situations de communications) et chaque unité comporte une progression qui vise à impliquer l'apprenant dans la construction de son apprentissage et l'aider à mémoriser le lexique et la structure syntaxique de la langue. Pour ce faire, chaque unité suit le cheminement didactique suivant :

1- **Ger tamawt** (observe) : l'apprenant écoute et répète le dialogue de la B.D. et découvre du vocabulaire et des expressions en kabyle lui permettant de s'exprimer dans le cadre d'un acte de parole donné. L'acte de parole en question est donné sous la forme d'un titre de chaque unité (ex. se présenter, exprimer ses goûts, etc.). Pour un usage en classe, l'enseignant peut, par exemple, utiliser des marionnettes et le jeu de rôle pour dynamiser ses cours et les rendre plus ludique.

2- **Nadi** (chercher) : il est demandé à l'élève d'être actif en recherchant dans la bande dessinée (B.D.) l'équivalent en kabyle des mots ou des phrases données en français. En cas de difficulté, il a la possibilité de s'appuyer sur les indices qu'il peut trouver dans les images de la B.D.

3- **Mmeslay** (parler, s'exprimer) : à cette phase d'institutionnalisation, le professeur donne à ses élèves les expressions à retenir. Ce sera la trace écrite de cette séance. Si vous utilisez cet ouvrage en auto-apprentissage, il est également conseillé de noter ces expressions dans un cahier.

4- **Idles** (culture) : l'élève (re)découvre, d'une manière succincte, la Kabylie sous plusieurs facettes : sa langue, sa musique, ses chanteurs et ses clubs de football préférés, ses normes sociales, bref, ce qu'on devrait savoir pour comprendre les éléments qui entourent la langue et l'impactent.

5-**Tajerrumt** (grammaire) : les points de langue abordés ici visent à aider l'élève à comprendre la structure de la phrase en vue de s'exprimer de façon intelligible.

5- **Amawal** (vocabulaire) : vocabulaire illustré des mots courants.

6- **Lmed s wurar** (Apprends en jouant) : plusieurs jeux éducatifs sont proposés à l'élève pour s'entraîner et apprendre en s'amusant.

De fréquentes réactivations des connaissances pour aider l'apprenant à mémoriser du vocabulaire et à parler sont effectuées progressivement d'une unité à une autre.
Pour apprendre la prononciation, il n'y a pas mieux que les chansons ! Néanmoins, ce guide comprend également d'autres activités phonétiques, ludiques ou non, ciblant un ou des sons précis. Les fichiers audios de tout le contenus en kabyle sont téléchargeables et vous aideront, sans l'ombre d'un doute, à apprendre la bonne prononciation en s'exerçant.

LES SONS DU KABYLE

LETTRES	PRONONCIATION	EXEMPLE	TRADUCTION
A, a	[a]	aman, awal, azal	eau, mot, valeur.
B, b (*)	[b̠] occlusif [b] spirant [v]	cebbeb, lbanka baba, lbabur, akbal	se cramponner à, banque mon père, bateau, maïs
C, c	[ch]	amcic, lmecmac, iccer	chat, abricot, ongle
Č, č	[tch]	čina, ččan, ameččim	orange, ils ont mangé, flocon de neige
D, d	[d]occlusif [d̠] spirant	taddart, amdun adrar, yuder	village, bassin. montagne, il est descendu
Ḍ, ḍ	[ḍ] emphatique	aḍar, iḍ, aεebbuḍ	pied, nuit, ventre
E, e	Ø voyelle zéro	yezmer, zemren	Il peut, ils peuvent
F, f	[f]	ifer, ufan, ilef	feuille, ils ont trouvé, sanglier
G, g	[g]occlusif [ḡ] spirant	targit, ggulen. yugi, gma	rêve, ils ont juré il a refusé, mon frère
Ğ, ğ	"j" anglais	lğebs, lğiv, aɣenğa	plâtre, poche, louche
H, h	"h" anglais	ahat, ihi, anemhal	peut-être, donc, directeur
Ḥ, ḥ	≈« h » expiré fortement	iḥiqqel, ḥemmel, ruḥ	perdrix (mâle), aimer, aller
I, i	[i]	imi, izem, imawlan	bouche, lion, parents
J, j	"j" français	tajmilt, tajeğğigt	hommage, fleur
K, k	[k̠] spirant [k]occlusif	akal, akli, uklalen Lekder, azekka	terre, esclave, ils méritent. étagère, demain
L, l	[l]	amellal, nnejli, tifirellest	blanc, s'expatrier, hirondelle
M, m	[m]	ssuma,yemma, weltma	prix, ma mère, ma sœur
N, n	[n]	tennam, afenğal, acennay	vous avez dit, tasse, chanteur

LETTRES	PRONONCIATION	EXEMPLE	TRADUCTION
Γ, ɣ (**)	"r" grasseyé français	ɣriɣ, tafeɣwet, tiɣrifin	j'ai lu, artichaut, crêpes
Q, q	≈ "k" emphatique appuyé	ajewwaq, aqjun, ameqqran	flûte, chien, grand
R, r	"r" roulé	sired, smir, agerruj	laver, verser, trésor
S, s	[s]	sel, usu, tasiwant	écouter, lit, parapluie
Ṣ, ṣ	[s] emphatique	asefṣaf, aṣurdi, iṣedded	peuplier, argent, il est rouillé
T, t	[t] spirant [t]occlusif	tafsut, talafsa, settut, yetturar, ttu	printemps, s'enfoncer, mégère, il joue, oublier
Ṭ, ṭ	[t] emphatique	tasetṭa, tametṭut, iṭij	rameau, femme, soleil
U, u	"ou" / "o"	ul, yeffud, sussem aḍu, iẓuran	cœur, il a soif, se taire vent, racines
W, w	"w" anglais	siwem, awal, siwel	proposer un prix, mot/propos, appeler
X, x	"kh"	axxam, yefsex, afexxar	maison, déteindre, poterie
Y, y	"y" de yaourt	yya, ayefki, ayeffus	viens, lait, droit
Z, z	[z] [ž]	amezwaru, izan. agezzar, igezzem	premier, mouches. boucher, il coupe
Ẓ, ẓ	[z] emphatique	laẓ, aẓar, taẓrudiyat	faim, racine, carotte
Ɛ, ε	≈ "a" allongé	tifireεqest, εerri, seεwej	crabe, dénuder, tordre

(*) Le son "b" spirant est aussi transcrit "v", en particulier par des kabylisants.
(**) La majuscule Γ est également notée Ɣ

SOMMAIRE

UNITÉ 1

Les présentations

Ger tamawt *Ecoute l'audio de cette B.D. et répète les répliques*

Nadi *D'après cette BD, comment on dit en kabyle :*

1- Comment tu t'appelles?
2- Je m'apelle....
3- Moi, c'est .....
4- Où habites-tu?
5- J'habite à .....
6- Quel âge as-tu?
7- J'ai ..... (âge)
8- Salut
9- Merci.
10- Il n'y a pas de quoi.
11-Au revoir
12- A demain

Mmeslay *Des outils pour t'exprimer :*

Saluer

Azul !	Salut !
Azul fell-ak	Salut à toi (quand on s'adresse à un garçon)
Azul fell-am	Salut à toi (quand on s'adresse à une fille)
Azul fell-awen	Salut à vous (quand on s'adresse à des garçons)
Azul fell-awent	Salut à vous (quand on s'adresse à des filles)

Prendre congé

Ar timlilit	Au revoir
Ar tufat	Au revoir
Ardeqqal	A plus tard
Ar azekka	A demain

Remercier

Tanemmirt !	Merci !
Tanemmirt-ik	Merci (à un garçon)
Tanemmirt-im	Merci (à une fille)
Ulac fell-as.	Il n'y a pas de quoi.

Se présenter

-Isem-ik ?	-Quel est ton nom ?
-Isem-iw Dassin.	-Mon nom est Dassine
-Nekk d Yuba.	-Moi, c'est Youva.
-Amek i k-qqaren ?	-Comment tu t'appelles? (à un garçon)
-Amek i m-qqaren ?	-Comment tu t'appelles? (à une fille)
-Qqaren-iyi Massinissa.	-Je m'appelle Massinissa.
-Acḥal di leɛmer-ik?	-Quel âge as-tu?
-Sɛiɣ 29 yiseggasen.	-J'ai 29 ans.
-Anda tzedɣeḍ?	-Où habites-tu?
-Zedɣeɣ di Bgayet.	-J'habite à Vgayet (Béjaia)

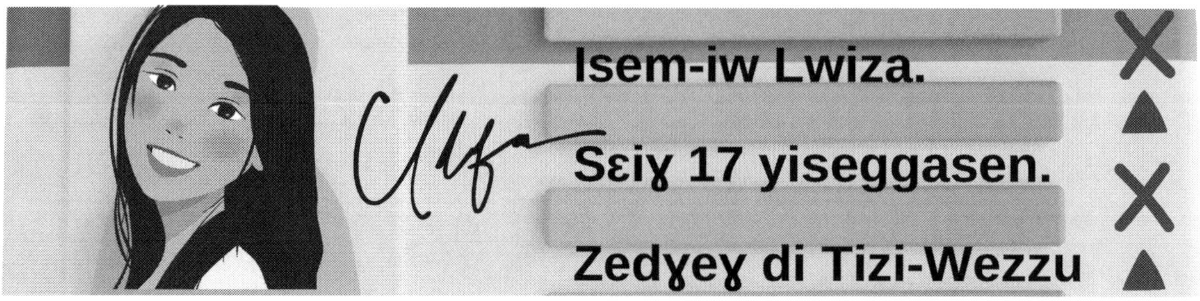
Isem-iw Lwiza.
Sɛiɣ 17 yiseggasen.
Zedɣeɣ di Tizi-Wezzu

La langue kabyle, c'est quoi ?

L'alphabet tifinaɣ

La langue kabyle s'appelle *Taqbaylit* [taqvaylit]. On l'appelle aussi *Tazwawt*. Elle est parlée dans toute la Kabylie. Certes il existe quelques petites différences de prononciation ou de vocabulaire entre certaines régions mais elles ne gênent nullement la compréhension entre les Kabyles.
Taqbaylit fait partie des langues berbères. Le berbère (ou *tamaziɣt*) est une langue très ancienne parlée dans toute l'Afrique du Nord, territoire que certains appellent aujourd'hui faussement le Maghreb.
La langue amaziɣ s'écrivait en lettres tifinaɣ.
Elle s'écrit toujours en tifinaɣ chez les autres imaziɣen, comme au Maroc ou chez les Touaregs. Le kabyle, en revanche, s'écrit en alphabet latin depuis plusieurs décennies. Son système d'écriture est simple : chaque son est représenté par une lettre. Pas comme en français où, par exemple, le son "o" s'écrit "o", "eau", "au" et la lettre "s" peut se lire "s" ou "z". Il est donc facile d'apprendre à parler le kabyle dans la mesure où il suffirait de savoir lire les lettres de l'alphabet (et s'entraîner à la prononciation des sons auxquels elles correspondent) pour être capable de lire la plupart des phrases en kabyle. Pas de panique ! Cet ouvrage vous guidera pas à pas dans cet apprentissage !

L'alphabet kabyle

Dans l'alphabet kabyle, il y a 3 voyelles (a, i et u) et toutes les autres lettres sont des consonnes. Certaines consonnes comme *f, j, l, m, n, z* se prononcent comme en français. Il y a aussi des lettres qui n'existent pas dans l'alphabet français mais qu'un francophone sait déjà prononcer. Exemple, la lettre emphatique "ṭ" produit le même son que la lettre "t" dans le mot table, par exemple. Tu vois ? Tu es déjà capable de prononcer plusieurs sons du kabyle ! Si tu parles un peu anglais, tu as sûrement appris à prononcer le "th" de ***th**ere* et de ***th**ing*, le "tch" de *ma**tch*** ou le "j" de *jump*. Eh bien, ces sons existent en kabyle ! Il te restera donc quelques sons nouveaux (ḥ, q, ε) que tu apprendras à prononcer en t'entraînant avec les exercices de phonétique proposés dans ce guide.
La voyelle "u" se prononce "ou" (ex. ul = cœur) ou "o" (aḍu : vent). La lettre "e" existe mais ce n'est pas une voyelle parce qu'elle ne garde souvent pas la même place lors des transformations d'un même mot (ex. ffre**ɣ** : je me suis caché; teff**er** : elle s'est caché. Le "e" sert à faciliter la prononciation quand on a plusieurs consonnes qui se suivent (ex. "ffr" / ffer : se cacher)
Attention ! Le R kabyle est roulé et le son du R français grasseyé s'écrit en kabyle "ɣ".

Tajerrumt

Pronoms personnels autonomes

Nekk	Moi
Kečč	Toi (masculin)
Kemm	Toi (féminin)
Netta	Lui
Nettat	Elle
Nekni	Nous (masculin)
Nekkenti	Nous (féminin)
Kunwi	Vous (masculin)
Kunemti	Vous (féminin)
Nutni	Eux
Nutenti	Elles

Les indice de personnes

	Exemples	
----**ɣ**	uwi**ɣ**	**J'**ai apporté
t---**ḍ**	**t**uwi**ḍ**	**tu** as apporté
t---**ḍ**	**t**uwi**ḍ**	**tu** as apporté
i/y---	**y**uwi	**il** a apporté
t-----	**t**uwi	**elle** a apporté
n----	**n**uwi	**nous** avons
n----	**n**uwi	apporté
----**m**	tuwi**m**	**vous** avez
----**mt**	**tuwimt**	apporté
-----**n**	uwi**n**	**ils / elles** ont
-----**nt**	uwi**nt**	apporté

L'indice de personne en kabyle est l'équivalent du pronom personnel sujet du français mais il fait partie de la forme verbale conjuguée.
Observe cet exemple:
J'ai joué = urare**ɣ**   **tu** as joué = **t**urare**ḍ**   **elle** a joué = **t**urar
Les équivalents en français des indices "-ɣ", "t-ḍ" et "t-" sont les pronoms "je", "tu" et "elle".
Si on supprime les indices de personnes dans une forme verbale, il reste le radical du verbe qui est, généralement, le même pour toutes les personnes.
Exemple : tuwim, uwin, uwint, ... le radical est : uwi.
uraren, turar, yurar, ... le radical est : urar (sans "e" !)

Amawal

Quelques verbes courants

Xemmem Mmeslay Sussem Aru Ɣer Lmed Cnu

Cḍeḥ Ḥewwes Urar Ḍes Ru Kcem Ffeɣ

Ddu Azzel Neggez Cceḍ Ɣli Qqim Bedd Wet

Niwel Ečč Sew Gen Argu Aki Aḍen

Ali Ader Zger Ɛumm Afeg ḥbes Ffer

Traduis les verbes suivants en kabyle ?

Chanter, apprendre, monter, lire, écrire, parler, s'asseoir, réfléchir, danser, descendre, jouer, rire, pleurer, boire, dormir, entrer, tomber malade, marcher, courir, sauter, se cacher, glisser, tomber, frapper, se lever, cuisiner, manger, se taire, rêver, sortir, se réveiller, traverser, nager, voler, s'arrêter, se promener.

LMED S WURAR !

Apprends en jouant !

1- La princesse (tageldunt) est enfermée dans un château et tu devras la libérer. Tu es au point A, il te faudra donc emprunter le chemin qui mène au château. Attention ! Tu croiseras des soldats qui te poseront des questions en kabyle et si tu trouves la bonne réponse, ils te laisseront passer sinon tu es refoulé(e). C'est parti !

1 - Isem-ik ?

Keččč / Kemm: ....

2- Anda tzedɣeḍ?

Keččč / Kemm: ....

3-Acḥal di leɛmer-ik?

Keččč / Kemm: ....

4-Tanemmirt !

Keččč / Kemm: ....

5- Ar timlilit !

Keččč / Kemm: ....

2- Retrouve les mots ci-dessous. Avec les lettres qui restent, écris la phrase cachée. Ecris un dialogue avec les mots que tu as as retrouvés et d'autres mots de cette leçon sur les présentations.

ACḤAL
AS
FELL
QQAREN
AMEK
AZUL
IK
TANEMMIRT
AR
DI
ULAC

L	N	T	E	F	U
U	K	A	K	E	L
Z	Q	N	A	L	A
A	Q	E	S	L	C
D	A	M	E	K	L
R	R	M	D	I	A
A	E	I	W	I	Ḥ
L	N	R	U	N	Č
J	A	T	I	K	A

La phrase cachée: ☐☐☐☐ ☐ ☐☐☐☐☐

Ecris ton dialogue ici :

_______________ _______________

_______________ _______________

_______________ _______________

_______________ _______________

3- Chantons ! "A vava Inouva" est l'une des premières chansons d'Idir au succès planétaire. Elle est d'ailleurs traduite et chantée dans plusieurs langues. Elle est composée par Idir et le poète Ben Mohamed. Les paroles de cette berceuse décrivent les veillées dans les familles kabyles d'antan où, autour d'un foyer (lkanun), la grand-mère racontait aux enfants les contes kabyles (timucuha). Vava Inouva est aussi un conte kabyle. Ces contes étaient une sorte d'école à travers laquelle se transmettaient la culture et les valeurs kabyles aux enfants.

Txil-k ldi-yi-n tawwurt, a Baba-Inu Ba
Sčenčen tizevgatin-im, a yelli Ɣriba
Uggadeɣ lweḥc n lɣaba, a Baba-inu Ba
Uggadeɣ ula d nekkini, a yelli Ɣriba

Amɣar yettel deg'bernus
Di tesga la yeẓẓiẓin
Mmi-s yettḥebbir i lqut
Ussan deg'qerru-s tezzin
Tislit deffir uzeṭṭa
Tessallay tijebbadin
Arrac zzin-d i temɣart
A' sen-tesɣar tiqdimin.

Adfel yessu-d tiwwura
Tuggi kecment iḥlulen
Tajmaɛt tettargu tafsut
Aggur d yitran ḥejven
Ma d aqejmur n tasaft
Idegger akkin i denyan
Mlalen-d akk at-wexxam
I tmacahut ad slen

Idir, de son vrai nom Hamid Cheriet, est né le 25 octobre 1949 à At-Yenni, en Kabylie et mort le 2 mai 2020 à Paris 18e. Il est chanteur, auteur-compositeur de renom. A ses débuts, étant étudiant en géologie, il ne se ldestinait pas à la chanson. Un jour, il a dû remplacer la grande chanteuse, Nouara, malade, et il a interprété une chanson qu'il lui avait écrite et qui s'intitule *Ers-d ay iḍes* (Que vienne le sommeil !). Ce fut son premier succès radiophonique. Il enregistra alors cette chanson, *Baba inu Ba* et d'autres titres qui firent de lui un ambassadeur de la chanson kabyle.
Ses chansons traitent de la vie en Kabylie, de l'identité amazighe pour laquelle il a milité toute sa vie, de la fête, la politique, etc. Idir a également encadré une troupe d'enfants qui s'appelle Tiddukla, pour laquelle il a composé des chansons sorties dans un CD réalisé par l'Assiciation de Culture Berbère (ACB) de Paris.

4-Tu es le joueur n°1. Les joueurs n°2 et n°3 sont tes adversaires. Règle du jeu: celui qui met dans les deux seaux le plus de mots qui se trouvent sur la piste, en 5 minutes, gagne la partie. Pour cela, il suffit d'écrire le mot dans la ligne 1 (pour qu'il se retrouve dans le seau 1 des pronom personnels) ou dans la ligne 2 si le mot contient des indices des personnes. Tes adversaires gagnent le double de la somme des points que tu as perdus. Attention, il y a des intrus !

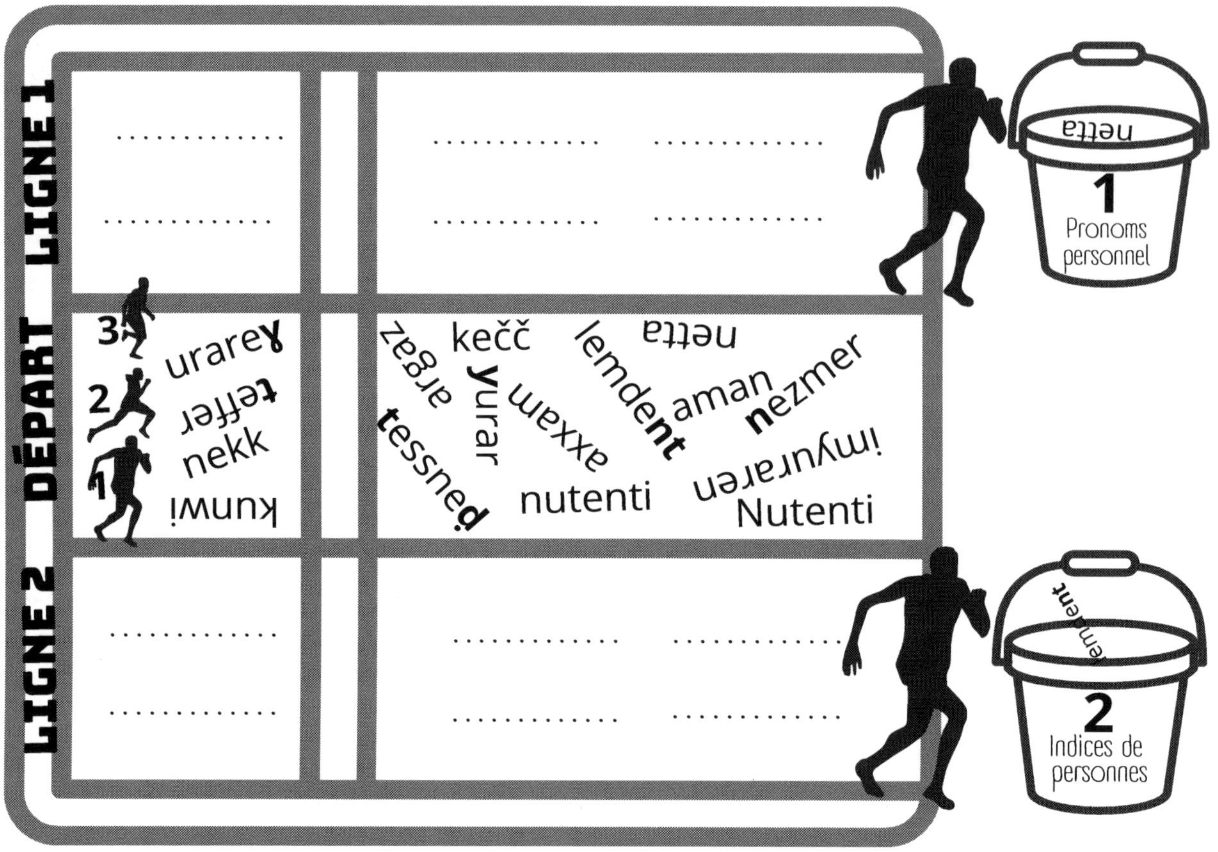

urareɣ = j'ai joué **teffer** = elle s'est cachée **argaz** = homme **tessneḍ** = tu connais
yurar = il a joué **axxam** = maison **lemdent** = elles ont appris
aman = eau **nezmer** = nous pouvons **imyuraren** = joueurs

5- Remets dans l'ordre les mots pour avoir des phrases.

nekk fell-awen d Azul Guraya.

....

xemseṭṭac Badis, sɛiɣ Qqaren-iyi yiseggasen.

....

At-Dwala deg Zedɣeɣ

....

(*) xemseṭṭac = quinze

6- Ecris sous chaque image le numéro du verbe qui convient.

1- Cnu **2**- Ɣer **3**- Ečč **4**-Ru **5**- Azzel **6**-Mmeslay **7**-Ali **8**-Afeg **9**- Sew **10**-Aḍen
11- Wet **12**-Cḍeḥ **13**-Neggez **14**- Lmed **15**- Urar **16**-ffer **17**-Qqim **18**-Ḍes **19**-Aki
20-Xammem **21**-Bedd **22**- Ader **23**-Aru **24**-Ɛumm **25**-Ali

7- Dans ton cahier, écris un verbe pour indiquer ce ce que chaque image évoque. Une image peut avoir plusieurs verbes.

Orthographe

Bon nombre de sons de la langue kabyle font partie des sons qu'un francophone sait déjà prononcer. Il y a des sons que l'on retrouve également dans d'autres langues comme l'anglais, l'allemand, l'espagnol, etc.
Avant de commencer les activités phonétiques proprement dites, il est indispensable de comprendre le fonctionnement de l'orthographe kabyle.

Il y a 32 lettres dans **l'alpha**bet kabyle.

Un son = une lettre

Pas de graphies complexes (comme *eau, au, ph..* en français) et pas de son qui s'écrit avec différentes graphies (comme le son [s] français qui s'écrit *s, c, sc, ç, t, x*).

3 voyelles : a, i, u.
Ex. : Aman (*eau*), imi (*bouche*), azul (*salut*)

La voyelle zéro « e »
sert à faciliter la lecture lorsque 3 ou parfois 2 consonnes se suivent dans un mot.
Ex. : zmrn zemren (*ils peuvent*)

⚠ Le « e » ne se trouve jamais à la fin d'un mot.

Les lettres *f, j, l, m, n, z* **se lisent comme en** français.

Le « u » se lit comme le « ou » ou français et parfois il **se prononce comme le** « o » en présence d'une **consonne emphati**que.

Ex. ul (*cœur*) se lit « oul »

iẓuran (*racines*) se lit « izoRan »

Le « r » est roulé. La lettre «ɣ» se lit **comme le** « r » grasseyé du français standard.

Ex. : ffer (*se cacher*) ; ffeɣ (*sortir*)

La lettre « x » se lit « kh » **comme le** « j » espagnol et non [ks] ou [gz].

Ex. : axxam (*maison*)

Le « s » se lit toujours [s]. Pour **écrire le son** [z], on utilise la **lettre** « z ».

Ex. Ussan (*jours*), inisi (*hérisson*), izi (*mouche*)

Le « y » se lit comme dans « yoga ». Ex. yemma (*ma mère*).

Le « w » se lit comme le « w » **anglais** : what, week-end.

Ex. awal (*mot*), siwel (*appeler*)

Le « c » se lit « ch ».

Ex. amcic (*chat*).

Phonétique

Entrainement

1- Répète les mots suivants puis vérifie ta prononciation.
Entoure les graphèmes qui te sont difficiles à lire.

Aman, amellal, aɣbalu, asefru. Izi, ifri, imlul, nnejli, inijel.
Eau, blanc, source, poème. Mouche, escarpement, blanchir, s'expatrier, ronce.
Uzzal, azamul, uzur, fru, fruri. Ffeɣ, ffer, yeffren, rremman.
Fer, symbole, être gros, résoudre, égrener. Sortir, se cacher, il a trié (choisi), grenade.

2- Répète les mots suivants puis vérifie ta prononciation.

Arrac, urar, aẓar, aḍar, ifer, afriwen, iferr, iferrawen, argaz, iri.
Garçons, jouer, jeu, racine, pied, aile, ailes, feuille, feuilles, homme, bord.
Iɣimi, uɣal, ɣill, iɣi, aɣemɣum, aɣrum. Assa, yeswa, iswi, sin,
Repos, retourner, croire, petit-lait, brouillard, pain. Aujourd'hui, il a bu, but, deux,
asif, asafu. Xali, xalti, bexlaf, xemmem, axxam, taxxamt.
rivière, tison. Mon oncle maternel, ma tante maternelle, excepté, réfléchir, maison, chambre.
Awal, yiwen, wissen, anwa, nwiɣ, tawla.
Parole (mot), un, peut-être, qui, j'ai cru, fièvre.
Ulac, amcum, tacemlit, ciwer, cib, afermac.
Rien, méchant, entraide, consulter, avoir les cheveux blancs, brèche-dent.

Discrémination

3- Dans le cahier, réécris les mots des exercices 1 et 2, sépare les syllabes, puis relis-les syllabe par syllabe de façon saccadée.

Interprétation

1- Lis le texte à voix haute. Le sens importe peu.
2- Ecoute l'enregistrement. Compare.

Ča	**Cu**	**Ɣer**	**Ru**
Ččan	**Cufen**	**Ɣrem**	**Arum**
Ččant	**Cufent**	**Ɣremt**	**Arumt**
Ččant-t	**Cufent-t**	**Ɣremt-t**	**Arumt-t**
Ččant-tt	**Cufent-tt**	**Ɣremt-tt**	**Arum-ten**
Ččant-ten	**Cufent-ten**	**Ɣremt-ten**	**Arum-tent**
Ččant-tent	**Cufent-tent**	**Ɣremt-tent**	**Ččemt aɣrum**

UNITÉ 2

Exprimer ses goûts

Ger tamawt *Ecoute l'audio de cette B.D. et répète les répliques*

Nadi *D'après cette BD, comment on dit en kabyle :*

1- Que penses-tu de cette chambre?
2- Elle est superbe.
3- Notre nourriture vous plaît-elle?
4- Elle est mauvaise. Elle est trop salée.
5- Cette eau est magnifique.
6- Cette robe est-elle belle?
7- Oui, elle est belle.
8- Tu aimes le soleil ?
9- Non, je ne l'aime pas
10- Oui / non.
11- Et toi, tu aimes Matoub?
12- Je l'aime beaucoup.
13- Qu'il est beau ton chapeau !
14- C'est vrai? Il te plaît? - Il est génial !
15- Mon chien est mieux que ton chien!
16- J'aime chanter. - Moi aussi.

Mmeslay *Des outils pour t'exprimer :*

Parler de ses goûts

- **Teɛğeb-ak ?** • Est-ce qu'elle **te** plaît? (à un garçon)
- **Teɛğeb-am ?** • Est-ce qu'elle **te** plaît? (à une fille)
- **Yeɛğeb-awen ?** • Est-ce qu'il **vous plaît?** (à des garçons)
- **Yeɛğeb-awent ?** • Est-ce qu'il **vous** plaît? (à des filles)
- **Ḥemmleɣ / Ɣucceɣ** • J'aime / Je déteste
- **Yeɛğeb-iyi / Teɛğeb-iyi** • Il me plaît / Elle me plaît
- **Yelha / telha** • Il est bon / Elle est bonne
- **Ack-it / Ack-itt** • Il est admirable / Elle est jolie
- **Ack-iten / Ack-itent** • Ils sont jolis / Elles sont sublimes
- **Dir-it / Dir-itt** • Il est laid / Elle est laide
- **Dir-iten / Dir-itent** • Ils sont vilains / Elles sont mauvaises

Les saveurs

- **D arẓagan** **D tarẓagant** • Il est amer / elle est amère
- **D aẓidan** **D taẓidant** • Il est sucré / elle est sucrée
- **D amessas** **D tamessast** • Il manque de sel / elle est fade
- **D ameryan** **D tameryant** • Il est trop salé / elle est trop salée
- **D asemmam** **D tasemmamt** • Il est acide / elle est aigre

Les préférences

- **Smenyifeɣ** awraɣ **ɣef** uzeggaɣ : **Je préfère** le jaune **au** rouge.
- Nekk ɣur-i, ačini **yif** axuxi : La couleur orange **est mieux que** le rose.
- **Ḥemmleɣ** amellal **wala** aberkan : **Je préfère** le blanc **au** noir.
- **Yif-it** ad ɣreɣ adlis **wala** ad urareɣ : **Je préfère** lire un livre **que** de jouer.

TALWIT *tif* ṬṬRAD

La paix est mieux que la guerre !

La Kabylie, c'est quoi ?

Le pays kabyle ou *Tamurt n Yiqvayliyen*, situé en Afrique du Nord, est entouré de plaines littorales à l'ouest et à l'est, au nord par la Méditerranée et au sud par les Hauts Plateaux. La Kabylie compte plus de 9 millions d'habitants (Densité : 225 habitants /km2). Ses grandes villes sont : Tizi-Ouzou, Draa El-Mizan, Azazga, Vgayet (Béjaia), Tuvirett (Bouira), Aqvu (Akbou), Amizour. Sa superficie est de 25 257 km2. Ce pays est connue pour ses massifs forestiers et ses montagnes. La plus haute étant Lalla Khedidja qui culmine à 2308 mètres dans l'*Adrar n Ǧerǧer* (Montagne du Djurdjura).
Avec la diaspora, il y a environ 12 millions de Kabyles dans le monde. La devise de la Kabylie est *Ad nerẓ wala ad neknu* (Plutôt rompre que plier) qui a évolué ces derniers années en *Ur nettruẓ ur nkennu* (Nous ne rompons pas et nous ne plions pas). La Kabylie a été annexée à l'Algérie par la France le 24 juin 1857. La langue de la Kabylie est le kabyle avec ses variantes comme *Tasaḥlit* (région d'Aokas).

La Kabylie et le football

Les Kabyles, dans leur majorité, aiment le football. Il y a au moins 4 clubs populaires : JS Kabylie, MO Béjaia, JSM Béjaia et l'Olympique d'Akbou. Néanmoins, l'équipe qui mobilise tous les supporters kabyles est la Jeunesse Sportive de Kabylie (JSK). C'est un club omnisports fondé le 2 août 1946 et basé à Tizi-Ouzou, en Kabylie.
C'est l'un des meilleurs clubs en Afrique et est le plus titré en Algérie (40 titres au total).
La JSK n'est pas un simple club de football, c'est la fierté des Kabyles.

Ce club emblématique a joué un grand rôle dans le combat pour la reconnaissance de la langue et l'identité amazighes en Algérie. En effet, face à la répression et l'absence de liberté d'expression, le stade reste l'une des rares tribunes pour les Kabyles afin de faire entendre leurs revendications. Le chantre du combat amazigh, Lounes Matoub, par exemple, en était un fervent supporter. Lors des victoires de la JSK, c'est toute la Kabylie qui est en fête.

Tajerrumt

Le nom : Genre, nombre et état

Le nom varie en **genre** (masculin et féminin), en **nombre** (singulier et pluriel) et en **état** (état libre et état d'annexion).
Le nom masculin commence par une voyelle (a, i, u); le nom féminin par un "t" et se termine généralement par un "t".
Ex. Noms masculins: **a**qcic (garçon), **i**zem (lion), **u**ccen (chacal)
taqcic**t** (fille), **t**izem**t** (lionne), **t**uccen**t** (chacal femelle)

Le féminin se forme en ajoutant un "t" au début et à la fin du nom masculin.
Ex. Le féminin de "aqcic" est "**t**aqcic**t**"

Le pluriel des noms masculins se termine par "**n**".
- Le "**a**" initial se transforme en "i". Ex. "**a**rgaz" (homme) - **i**rgaze**n** (hommes)
- Les noms masculins commençant par "**i**" ou "**u**", leurs initiales ne changent pas.
  Ex. **i**flu (la louche) - **i**fluye**n** (les louches) **u**cviḥ (le beau) - **u**cviḥe**n** (les beaux)

Le pluriel des noms féminins se termine par "**in**" qui remplace le "t" final.
- Les noms commençant par "t**a**", le "**a**" se transforme en "**i**" :
  Ex. t**a**qcic**t** (fille) - t**i**qcic**in** (filles)
- Les noms qui commencent par "**ti**" ou "**tu**", leurs premières voyelles ne changent pas.
  Ex. timlilit (rencontre) - timliliyin (rencontres) tuffra (cachette) - Tuffriwin (cachettes)-

Etat d'annexion des noms masculins

	Etat libre	Etat d'annexion
a - u/we	**a**xxam	**u**xxam/**we**xxam
a - u	**a**fus	**u**fus
a - wa	**a**man	**wa**man
i - yi	**i**les	**yi**les
	imdanen	**yi**mdanen
u - wu	**u**ccenn	**wu**ccen

Etat d'annexion des noms féminins

	Etat libre	Etat d'annexion
ta - te	**ta**xxamt	**te**xxamt
ta - t	**ta**murt	**t**murt
ti - te	**ti**mɣarin	**te**mɣarin
ti - t	**ti**mura	**t**mura
tu - tu	**tu**sut	**tu**sut

L'état d'annexion affecte la voyelle initiale de certains noms, comme le montrent les règles de formation ci-dessus. Il existe bien sûr d'autres règles . Le nom est toujours en état libre en dehors de la phrase.
Le nom se met en état d'annexion dans les cas suivants :
- Quand il est complément du sujet placé après le verbe.
- Ex. **A**qcic yetturar ----- **Y**etturar **u**qcic (le garçpn joue), le sujet étant l'indice de personne "y----", il est complété par le sujet lexical "uqcic".
- Quand il suit une préposition : deffir **u**xxam (derrière la maison) (**a**xxam: état libre)

axxam = maison **taxxamt** = chambre **afus** = main **aman** = eau **iles** = langue **uccen** = chacal **tusut** = toux **amdan** (individu)/ **imdanen** (individus) **tamurt/timura** = pays **tamɣart** (vieille)/**timɣarin** (vieilles)

Amawal

Routine quotidienne

gneɣ ukiɣ ttazzaleɣ tteccfeɣ ttesseɣ lqahwa ttedduɣ

ttlusuɣ sirideɣ tuɣmas-iw nehreɣ nettmeslay ttnawaleɣ

  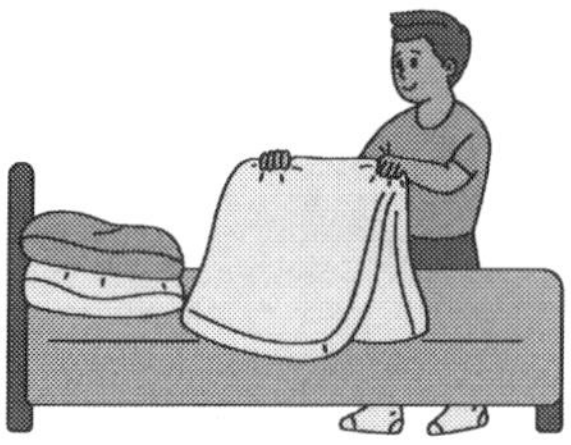  

ɣɣareɣ ttedduɣ s aɣerbaz tettleɣ iceṭṭiḍen tesseɣ aman ttaruɣ

sirideɣ iceṭṭiḍen fettreɣ iceṭṭiḍen ɣef criḍa netturar ttḍeggireɣ rsaḍ

Quel est l'équivalent de ces phrases en kabyle ?

Je lave le linge - Nous jouons - Je vais à l'école - Je lis - Je conduis - J'étends le linge sur la corde à linge - Je plie les vêtements - J'écris - Nous parlons - Je cuisine - Je cours - Je m'habille - Je dors - Je bois du café - Je marche - Je me douche - Je me suis réveillé - Je me brosse les dents - Je jette les ordures - Je bois de l'eau.

LMED S WURAR !

Apprends en jouant !

1- Ecris dans le rond le numéro de la phrase correspondant à l'image.

1- gneɣ **2-** ukiɣ **3-** ttazzaleɣ **4-**tteccfeɣ **5-** ttesseɣ lqahwa **6-**ttedduɣ **7-**ttlusuɣ **8-** sirideɣ tuɣmas-iw **9-** nehreɣ **10-** nettmeslay **11-** ttnawaleɣ **12-** qqareɣ **13-** Ttedduɣ s aɣerbaz **14-** tettleɣ iceṭṭiḍen **15-** Tesseɣ aman **16-** ttaruɣ **17-** Sirideɣ iceṭṭiḍen **18-** fessreɣ iceṭṭiḍen ɣef criḍa **19-** netturar **20-** ttḍeggireɣ rsaḍ

2- Dans ton cahier, écris une phrase pour indiquer ce que chaque image évoque. Une image peut avoir plusieurs phrases.

Tafaska n tyemmatin

3- A l'occasion de la fête des mères (tafaska n tyemmatin), tu as acheté des cadeaux à offrir à ta maman. Tu dois maintenant cueillir des fleurs à lui donner et qui se trouvent dans le labyrinthe à 5 entrées et 6 sorties. Pour ce faire, tu dois écrire des phrases correctes avec les mots qui se trouvent sur le même itinéraire. L'une des phrases a 2 sorties. A chaque mot correspond une fleur. Pour chaque fleur cueillie, tu gagnes de l'argent en fonction du prix de la fleur. Tu peux utiliser le même mot deux fois (le mot est alors compté double). Tu peux également sauter par-dessus un ou deux mots.

vaut 3 euros **vaut 2 euros** **Vaut 1 euros**

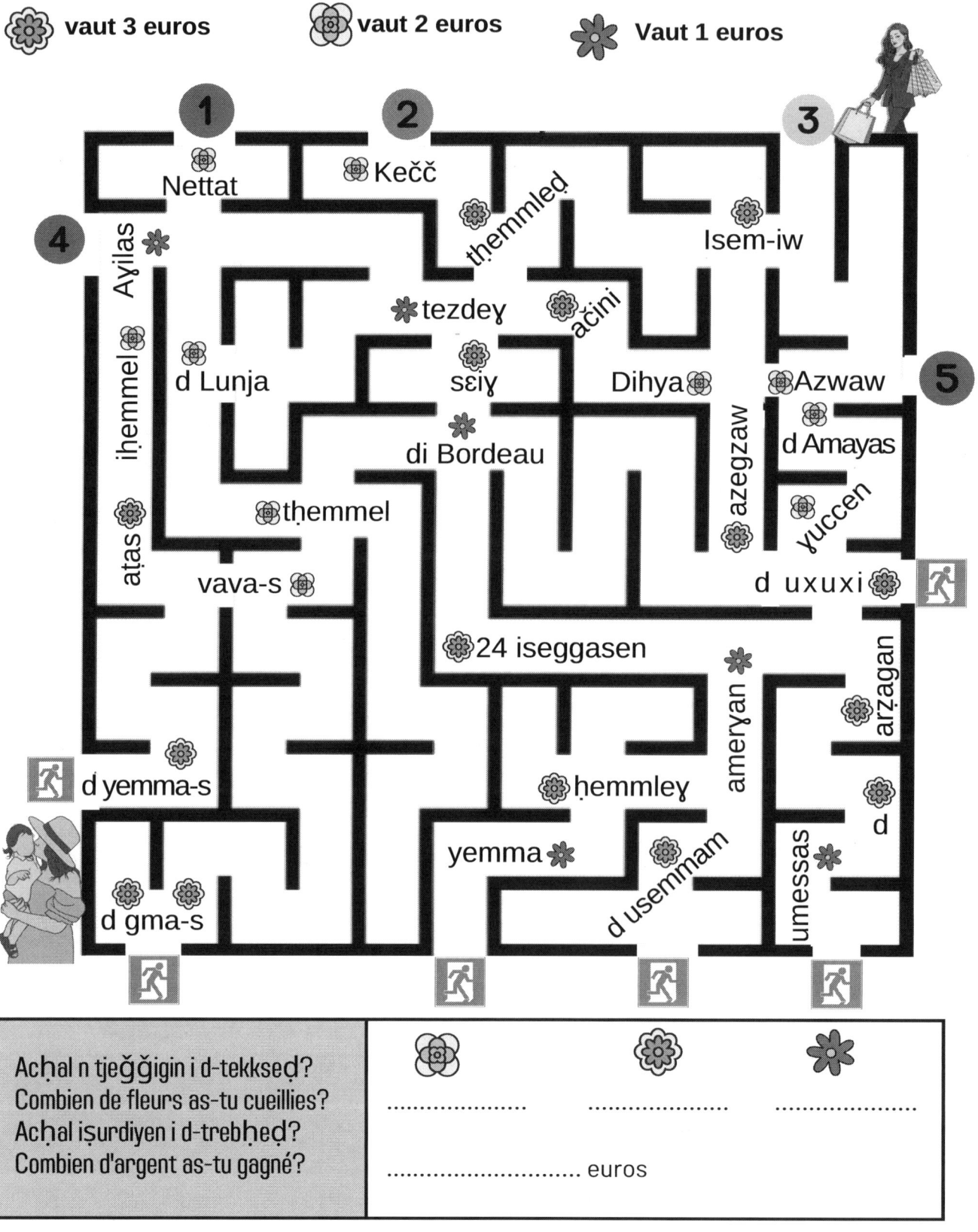

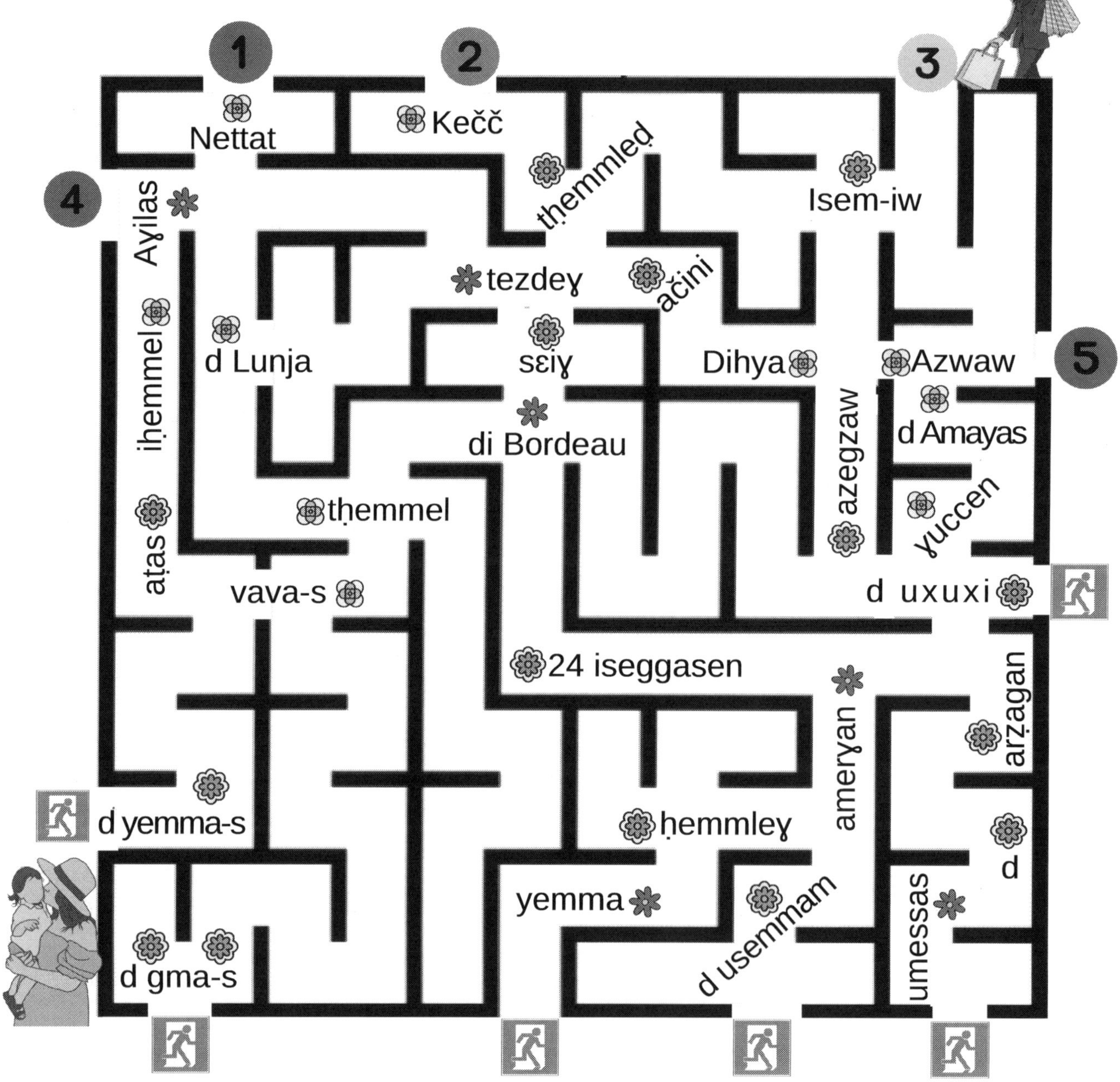

Acḥal n tjeğğigin i d-tekksed? Combien de fleurs as-tu cueillies? Acḥal iṣurdiyen i d-trebḥeḍ? Combien d'argent as-tu gagné?	.... euros

Ecris tes phrases ici :

1 ____________________

2 ____________________

3 ____________________

4 ____________________

5 ____________________

4- Chantons ! "Monsieur le Président" de Matoub Lounes.

Mass Aselway

Tkellxem-iyi di temẓi-w
Xellṣeɣ-awen ayen ur d-uɣeɣ
Tekksem-iyi imawlan-iw
Temḥam ayen akk ssarmeɣ
Lmeḥna tenğer iɣes-iw
Uqbel a d-ters lmut-iw
Ayen akk yejmeɛ wul-iw
S yiles-iw a't-in-ḍummeɣ

Lemmer zmireɣ a'd-snesreɣ
Di lɛid a'n-beddeɣ ɣur-wen
A n-aseɣ a'ken-ɣafreɣ
Ay imawlan ɛzizen
Di tafat mara n-beddeɣ
Ɣas temcakktem ur wehhmeɣ
Mačči d udem si ruḥeɣ
Ara d-mlilent wallen-nwen

Seg wakken ur yi-d-yetteɛqal
Mmi ad yerwel fell-i
Tameṭṭut-iw n leḥlal
Wissen kan ma d-temmekti
Ad asen-sxerbeɣ lecɣal
Ad asen-yeɛreq wawal
Taggara m'ara nemyeɛqal
Taddart a'd-teɛjel ɣur-i

Ayagi akk d asirem
Targit-iw ur tḍul ara
Ibeddel-iyi zzman isem
Yefka-yi lḥerz n tlufa
Tawwurt n lḥebs fell-i tzem
Fell-as tawriqt-iw tweccem
Tura testenya tṣeggem
Ṭul n leɛmeṛ i temmeṛka

Matoub Lounes

Matoub Lounes est incontestablement le chanteur kabyle le plus populaire. Plusieurs lieux publics et établissements en France portent son nom et plusieurs livres sont écrits sur lui par des auteurs kabyles ou étrangers, en français et en kabyle.
Ce chantre de la démocratie et de la cause amazighe est né le 24 juin 1956. En 1978, avec l'aide d'Idir, il sort son premier album intitulé "Ay izem" (oh, Lion). Il a à son actif plus de 220 chansons.
La vie de ce chanteur au verbe poignant n'a pas été de tout repos. Le 09 octobre 1988, un gendarme lui tire dessus à bout portant 5 balles alors qu'il distribue un tract appelant le peuple kabyle à une grève générale de deux journées à la suite des émeutes qui ont éclaté à Alger. En 18 mois, il a subi quatorze opérations chirurgicales.
Le 25 septembre 1994, un groupe armé le kidnappe puis le relâche, 15 jours plus tard grâce à la pression exercée par la mobilisation de toute la Kabylie. La même année, il publie un ouvrage autobiographique, *Rebelle*, et reçoit le Prix de la mémoire des mains de Danielle Mitterrand, l'épouse de l'ancien président de la République Française, François Mitterrand. Le 25 juin 1998, un groupe terroriste lui tend une embuscade. Il sera assassiné et sa voiture criblée de balles. Il était en compagnie de son épouse Nadia, elle-même touchée de plusieurs balles, et de ses deux belles-soeurs grièvement blessées.

5- Retrouve les mots ci-dessous dans la grille. Avec les lettres qui restent, écris la phrase cachée (tafyirt tuffirt) ensuite donne l'équivalent de ces mots en français.

ACK	KUNWI
ADLIS	LHANT
AMERΓAN	LSANT
AMESSAS	ΓUCCEN
ARZAGAN	SMENYIFEN
ASEMMAM	UKIN
DIR	UZZLEN
GNEN	

Γ	U	C	C	E	N	A	A	D	T
N	A	Z	U	N	M	M	R	E	N
S	A	K	Z	E	E	A	Ẓ	S	A
A	I	Γ	S	L	S	N	A	K	H
N	R	S	R	E	E	S	G	C	L
U	A	I	M	E	Γ	N	A	A	R
S	U	M	D	M	M	A	N	■	■
■	A	■	■	T	N	A	S	L	■
M	N	E	F	I	Y	N	E	M	S
K	U	N	W	I	A	D	L	I	S

Tafyirt tuffirt:

___ ___ ___ ___ ___ ___ ___ ___ ___ ___ ___ ___ ___ -___

6- Dans chaque cerceau, il y a un nom, tu le lances sur le poteau qui convient selon qu'il soit en état libre ou en état d'annexion. Concrètement, tu relies chaque cerceau au poteau qui lui convient à l'aide d'un flèche.

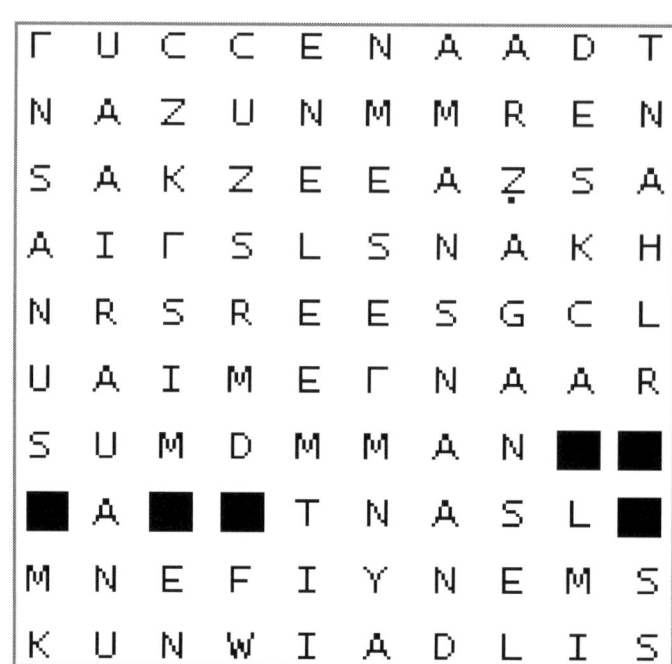

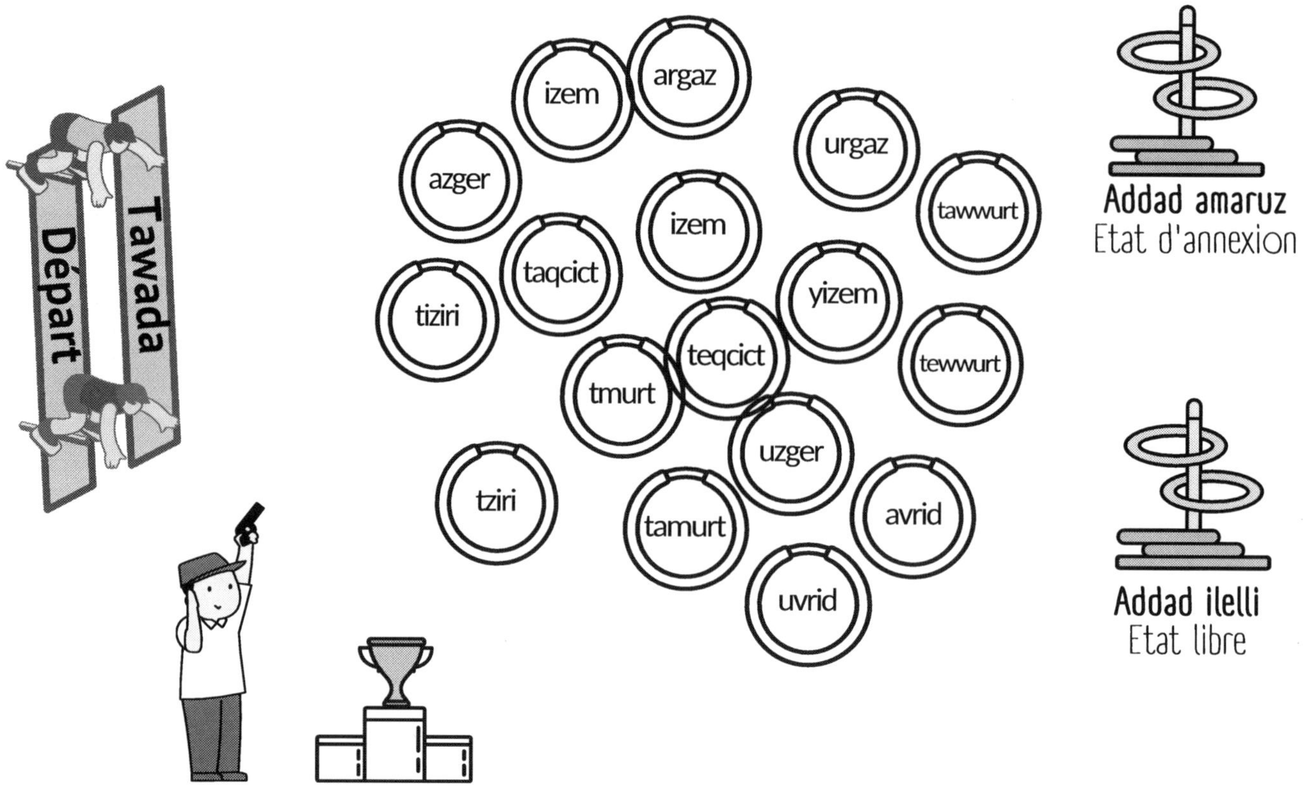

7- Pour jouer à ce jeu, tu as besoin d'un ou de 2 dés s'il y a 2 joueurs. Tu lances le dé, le nombre obtenu sera le numéro de case (à partir de la case départ) où se trouve un nom. Si c'est un nom masculin, tu recherches la case où il y a son féminin, et vice-versa, ensuite tu barres les deux cases. Tu relances le dé et tu fais de même. Si tu tombes sur une case déjà barrée, relances le dé. Chaque case barrée vaut un point. Le but est de gagner un maximum de points. S'il reste un ou des noms qui n'ont pas de féminin ou de masculin, on continue le jeu en considérant la dernière case barrée comme case de départ, et ainsi de suite jusqu'à l'arrivée. Attention ! Si vous jouez à deux et que tu tombes sur l'une des cases où il y a la tête su serpent, tu donnes la main à ton adversaire. Si tu joues seul(e), ne prends pas en compte cette règle. Les féminins ne se forment pas tous selon la même règle.

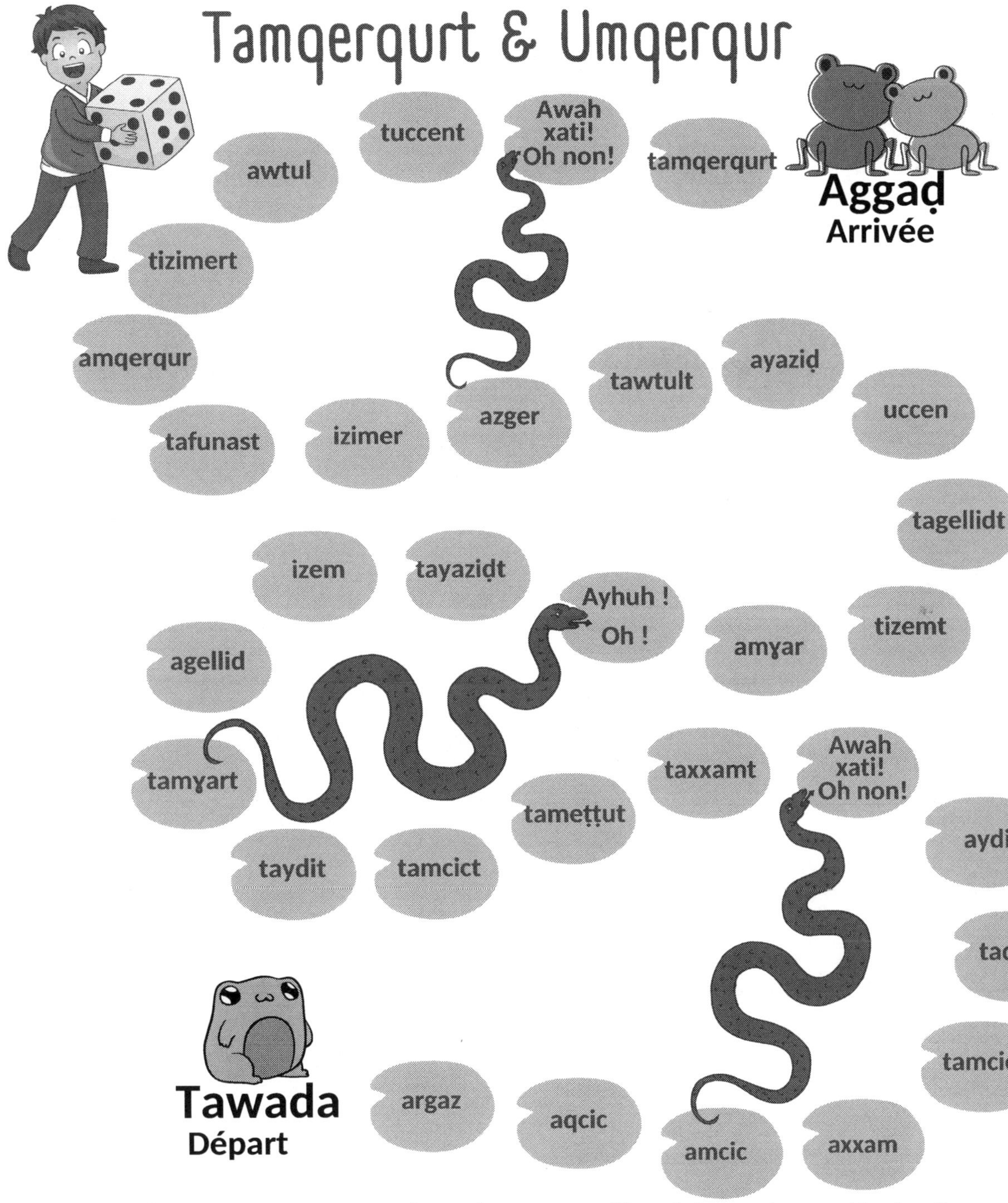

amcic : chat **taxxamt** : chambre **aydi** : chien **tametṭut** : femme
ayaziḍ : coq **tamɣart** : vieille **izem** : lion **agellid** : roi **uccen** : chacal
tafunast : vache **awtul** : lapin **izimer** : agneau **amqerqur** : crapaud

8- Complète la grille.

Horizontal

2. Féminin de 'amɣar' (vieux)
8. Pluriel de 'argaz' (homme)
10. Pluriel de 'anelmad' (élève)

Vertical

1. Singulier de 'izamaren' (agneaux)
3. Pluriel de 'taqcict'
4. Pluriel de 'amɣar' (vieux)
5. Féminin de 'amcic' (chat)
6. Singulier de 'tuccanin' (chacals femelles)
7. Pluriel de 'tamɣart' (vieille)
9. Singulier de 'imeksawen' (bergers)

Orthographe

Les consonnes *d*, *g*, *k* et *t* sont des consonnes spirantes occlusives. Les deux sons sont transcrits par la même lettre.

Ecoute et répète les mots du tableau ci-dessous. Des indications concernant leur prononciation y est donnée.

	spirantes	**occlusives**
b	**Se lit « v » :** **Ibiw** (*fève*) **Baba** (*mon père*), **abruri** (*grêle*)	**Se lit « b » :** **Bibb** (*porter sur le dos*), ise**bb**aḍen (*chaussures*), me**b**la (*sans*),
d	**Se lit comme le « th » anglais** (*mo**th**er, fa**th**er…*) **:** **adrar** (*montagne*), **adɣaɣ** (*pierre*), **udi** (*beurre*).	**Se lit « d » :** **dd**u (*marcher*), tame**dd**it (*après-midi*), me**dd**en (*gens*), tame**dd**urt (*vie*)
g	**Se lit /g/ avec aspiration au niveau du palais :** **Gen** (*dormir*), **gma** (*mon frère*), **ugur** (*obstacle, difficulté*)	**Se lit « g »** (comme dans gazon) : **Gg**ani (*guetter*), tar**g**it (*rêve*), ane**gg**aru (*dernier*)
k	**Se lit comme le « ch » allemand** (comme dans *i**ch** mö**ch**te*) : **Akal** (*terre*), **akessar** (*descente*), **aksum** (*viande, chair*)	**Se lit « k »** (comme dans *karaté*) : Ase**kk**il (*lettre de l'alphabet*), r**k**u (*pourrir*), rr**k**el (*coup de pied*)
t	**Se lit comme le « th » anglais** (comme dans ***th**ank you, **th**ing*) : **Tamurt** (*pays*), **tullas** (*femmes*), **tafsut** (*printemps*)	**Se lit « t »** (comme dans *terre*)[5]: Sen**t**u (*piquer, planter*), se**tt**ef (*empiler*), se**tt**ut (*mégère*)

- La consonne tendue « tt » se prononce généralement [ţ] ou [t] occlusif, selon les régions et les mots. Ex. Netta (lui), yettafeg (il vole), ttxil (je t'en supplie), settut (mégère), settef (empiler), etc.
- Pour s'entrainer à produire le son [ţ], nous vous proposons de prononcer simultanément le [t] occlusif et le [s].
- Le son [ţ] s'obtient également au contact des sons [d] et [t] mais il n'est pas noté à l'écrit. Ex. Ad turar [aţ-ţurar] (elle jouera), d tafsut [ţ-ţafsut] (c'est le printemps).
- Le [ţ] n'est pas noté non plus à la fin des noms féminins, ex. tidet (vérité), tiferret (petit aile), tamaynut (nouvelle), etc.

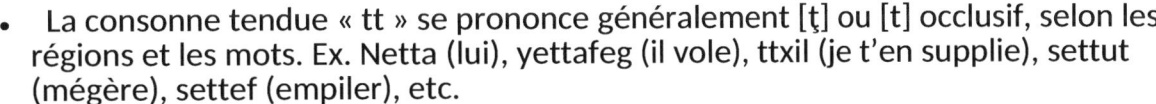

Phonétique

Entrainement

1- Répète les mots suivants puis vérifie ta prononciation.
Entoure les mots (les graphèmes) qui te sont difficiles à lire.
Entoure les sons spirants et souligne les sons occlusifs

Byu, abennay, tabalizt, bedd, Bgayet, rebbi, ɛebbi. tudert, idir, amdan, imesdurar,
vouloir, maçon, valise, se lever, Béjaia, Dieu, transporter. vie, vivre, l'humain, montagnards,
taddart, ldi, medden Igenni, tagut, agujil, taguni, targit, aggus, ggal. Akal, akli,
village, ouvrir, gens. ciel, brouillard, orphelin, sommeil, rêve, ceinture, jurer. terre, esclave,
amakur, aksum. kfu, tikkelt, tasekkurt. tama, takurt, settut, tidet, tifeɣwet, tasarut.
voleur, viande, suffire, fois, perdrix. côté, pelote (ballon), mégère, vérité, tête d'artichaud, clé.

2- Après une première écoute de mini-dialogue, reprenez les répliques en respectant les intonations (interrogative, exclamatives et déclaratives.)

Nekk d Tafsut, i kemm ?
Azul fell-ak, a Gaya !
Amek tettiliḍ ?
Ad truḥem azekka ?
Ad nruḥ smana i d-iteddun.
Wi k-ilan, kečč ?
Wi kem-ilan, kemm ?

Moi, c'est Tafsut, et toi ?
Salut, Gaya !
Comment vas-tu ?
Partirez-vous demain ?
Nous partirons la semaine prochaine.
Qui es-tu, toi ?
Qui es-tu, toi ?

I kunwi, wi ken-ilan ?
I kunemti, wi kent-ilan ?
Nutni, wi ten-ilan ?
I nutenti, wi tent-ilan ?
Nekk, wi yi-ilan ?
Nekni, wi ɣ-ilan ?
Nekkenti, wi ɣ-ilan ?

Et vous, qui êtes-vous ?
Et vous, qui êtes-vous ?
Eux, qui sont-ils ?
Et elles, qui sont-elles ?
Moi, qui suis-je ?
Nous, qui sommes-nous ?
Nous, qui sommes-nous ?

Discrémination

3- Sépare les syllabes à l'aide d'un slash (/) dans les phrases ci-dessus.

Interprétation

1- Lis le texte à voix haute. Le sens importe peu.
2- Ecoute l'enregistrement. Compare.

Kra	**Glu**	**Di Deg**	**Ta Tihin Tin**
Kran	**Ur glin ara**	**Udren-d seg udrar**	**Tafat tfut**
Krant	**Ur glint ara**	**Itvir yers ɣef tayda**	**Tidet yettu-tt**
Krant-t	**Glan gren d afug**	**Imesdurar zedɣen**	**Tamacahut**
Krant-ten	**Yufeg-as wugel**	**di tudrin n yidurar**	**temlam-tt i**
Ččant-tent	**Asigna tagut yes-s glu**	**Taduli tedlem**	**wat-taddart,**
Tekra Taklit	**Glan s taga d tuga**	**tumes s tidi**	**ttun-tt**

UNITÉ 3

Situer dans l'espace

Ger tamawt *Ecoute l'audio de cette B.D. et répète les répliques*

Nadi *D'après cette BD, comment on dit en kabyle :*

1- Où sont mes lunettes?

2-Où est le chat?

3- Ma bague où est-elle?

4- Où est Dihya et Guraya?

5- Ma tasse-là de café, où est-elle?

6- Je cherche le chien, je ne le trouve pas.

7- Ils sont **sur** la table. (*)

8- Il est **sous** la table.

9- Elle est **à gauche d**es fleurs.

10- Elles sont **là-bas**.

11- Il est au-dessus de ta tête. (**)

12- Il est à ta gauche.

(`) **Nwaḍer** (lunettes) est un nom masculin pluriel. (``) **Afenǧal** (tasse) est un nom masculin singulier.

Mmeslay *Des outils pour t'exprimer :*

Demander où sont les objets, les lieux ou les personnes

- **Anda y**ella vava? (*)
- **Anda t**ella yemma?
- **Anda** llan wayetma?
- **Anda** llant yessetma?
- **Anda** d-tezga taddart-ik?
- Teẓriḍ **anda** serseɣ nwaḍer-iw?
- Tzemreḍ ad ayi-d-tiniḍ **anda** yella uxxam-ik ?
- **Ansi** i d-yusa ? **Anda** ara iruḥ?

- **Où** est mon père?
- **Où** est ma mère ?
- **Où** sont mes frères?
- **Où** sont mes sœurs?
- **Où** se trouve ton village?
- Tu sais **où** j'ai déposé mes lunettes?
- Peux-tu me dire où est ta maison?
- **D'où** vient-il ? **Où** va-t-il?

Indiquer où sont les objets, les lieux ou les personnes

- A-**t**-an
- A-**tt**-an
- A-**ten**-an
- A-**tent**-an

- **Le** voilà.
- **La** voilà.
- **Les** voilà.
- **Les** voilà.

Tekki da.
Appuie ici

Il n'est pas ici.
Il est là.
Ulac-it da.
A-t-an din.
A-t-an dihin.
Il est là-bas.
Anda-t ?
Où est-il?

- Da
- **Dihin**
- **Din**

- Ici
- Là-bas
- Là-bas.

- Dayi, dagi, ...
- Dihinna
- Dinna

● Voir leçon de grammaire de cette unité sur les démonstratif.

Situer dans l'espace

Anda yella umcic? (Où est le chat ?)

- **Amcic yeqqim ....** (Le chat est assis ...)

... **ɣef** tẓerbit.
... ***sur*** *le tapis*

.... **ddaw** ssiwan.
.... ***sous*** *le parapluie*

....**deg** tqecwalt.
.... ***dans*** *la corbeille*

.... **ger** teqcict d yemma-s.
..... ***entre*** *la fille et sa mère*

... **deffir/ zdat** texzant
.... ***derrière/devant*** *l'armoire*

... **nnig** ukersi.
... ***au-dessus de*** *la chaise*

.... **di tlemmast n** ubrid.
... ***au milieu de*** *la route*

....**deg tama taẓelmaḍt /deg tama tayeffust n** uxxam.
... ***à gauche/à droite de*** *la maison*

...**ɣur** yaya
... ***chez*** *ma grand-mère*

● **Rappel** : les mots en gras sont des prépositions. Après une préposition, le nom est en état d'annexion.

Demander son chemin

- **Azul, a massa, ttnadiɣ ɣef uvrid yettawin ɣer Tewrirt.**
- **Azul, a mass, wicqa ad ayi-d-tiniḍ ansi ara kkeɣ akken ad ruḥeɣ ɣer Tizi-Wezzu ?**
- **Ttxil, a taqcict, anwa i d avrid ɣer Vgayet ?**
- **Di leɛnaya-k, ay ilemẓi, tessneḍ avrid yettawin ɣer sviṭar ?**

- Salut, madame, je cherche la route qui mène à Taourirt.
- Salut, monsieur, pourriez-vous me dire par où je passerai pour aller à Tizi-Ouzou ?
- S'il te plaît, fille, quel est le chemin pour Béjaia ?
- S'il te plaît, jeune homme, connais-tu la route qui mène à l'hôpital ?

Indiquer le chemin

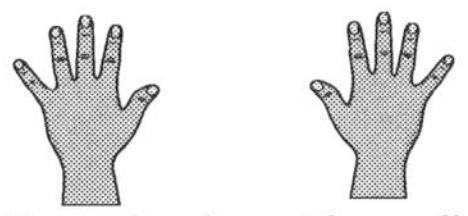

- **Ddu** (**ruḥ**) / **Kemmel qvala. Mara tawḍeḍ ɣer** tafat tazeggaɣt, **ad tafeḍ** sin yiberdan, **ekk** s ubrid azelmaḍ.
- Zzi (dewwer) ɣer **tama tayeffust/** ɣer **tama tazelmadt**.
- **Ddu rrif n** wasif.
- **Zger** tiqenṭert.
- **Ɛeddi** ɣef taddart, kemmel abrid d asawen.
- Ɛeddi s uzniq amezwaru, kra n yisurifen ɣer zdat, ad tafeḍ axxam azegzaw; sbiṭar a-t-an deffir-s.
- Ali /ader (ṣubb) ddruğ.
- Zger, ḥbes, ddu, ali, ader
- Akessar, asawen, luḍa.

- Va/ continue **tout droit**. Quand tu arriveras au feu rouge, tu trouveras deux chemins, prends le chemin gauche.
- Tourner **à droite/ à gauche**.
- Longe la rivière.
- Traverse le pont.
- Passe par le village et continue la route en montant.
- Passe par la première rue, à quelques pas devant, tu trouveras une maison bleue, l'hôpital se trouve derrière elle.
- Monte / descends les escaliers.
- Traverse, arrête-toi, marche, descends.
- Descente, montée, plat (plaine).

Verbes de déplacement

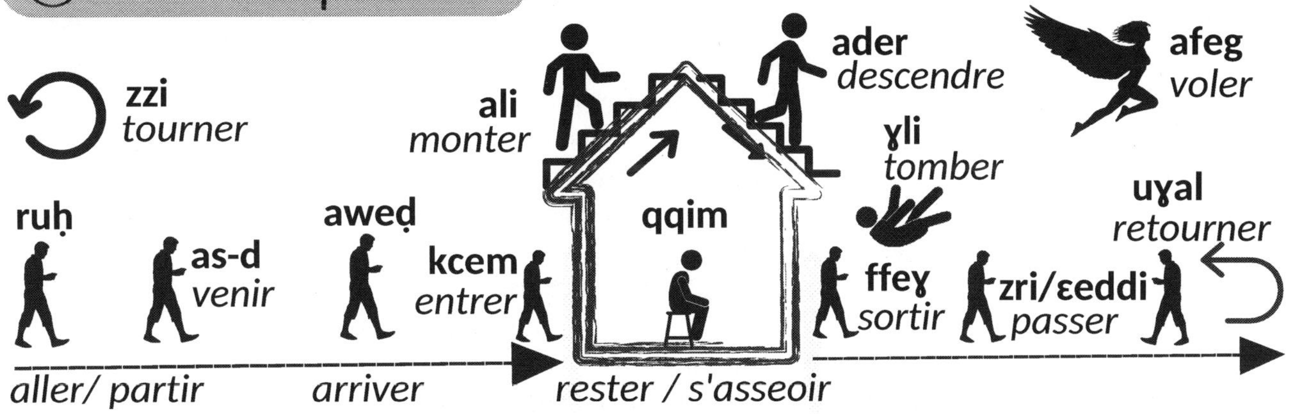

Idles

Tiwizi, c'est quoi?

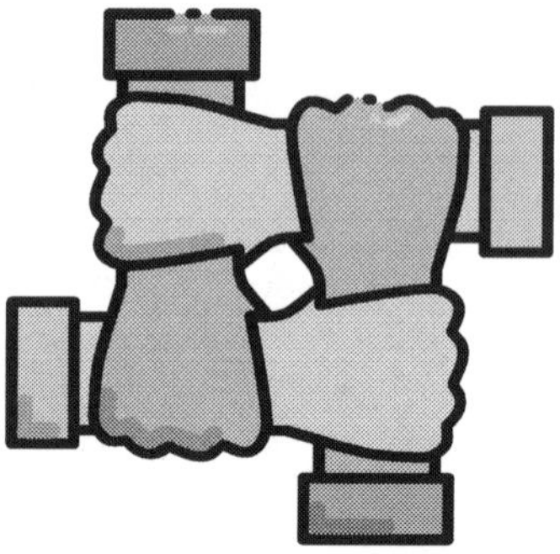

Tiwizi (la touiza en français) est une tradition amazighe d'entraide et de coopération qui remonte à des temps immémoriaux. Cela consiste en un travail collectif et volontaire au profit d'une personne souvent nécessiteuse. Cette action bénévole et dévouée renforce les liens entres les membres d'une collectivité et exhorte à aider son prochain sans attendre de lui de contrepartie. Elle contribue, du coup, à assurer une certaine égalité sociale.
Cela permet à celui qui n'a pas les moyens de construire une maison, par exemple, de bénéficier de l'aide de la communauté. Ce qui est important à souligner, c'est que cette aide n'est pas sollicitée par la personne dans le besoin mais proposée par le groupe. La personne aidée aide à son tour, ne serait-ce que par le travail. Cela évite également toute condescendance de la part de celui qui aide et l'humiliation de la personne aidée, en faisant passer l'intérêt général avant l'intérêt individuel.
"C'est par des touiza que le pauvre Kabyle bâtit sa maison; c'est avec le secours d'une touiza de femmes et d'enfants qu'il fait la récolte de ses olives.
Si la touiza reçue n'engendre pas l'obligation légale de la reconnaître par une prestation quelconque, celui qui en a profité a trop d'amour-propre (de nif) pour ne pas rendre à ses voisins, dans l'occasion, l'assistance qu'ils lui ont prêtée" (*)
Le chanteur Idir a composé une belle chanson sur ce sujet, intitulée *Iwiziwen*, que l'on peut écouter sur Internet.

(*) A. Hanoteau et A. Letourneux, *La Kabylie et les coutumes kabyles*, Paris : Imprimerie Nationale, 1873, volume 2, page 499)

Que signifie le yaz ⵣ ?

Le ⵣ est une lettre de l'alphabet tifinaɣ qui équivaut à la lettre "z". On le retrouve chez tous les Amazighs (ou les Berbères) : sur leurs différents drapeaux et leur drapeau fédérale ci-contre, sur les banderoles lors des manifestations, sur les murs en Kabylie et dans les autres territoires amazighs.
Ce symbole représente un maillot de chaine brisée et signifie la liberté, sachant que le mot "amazigh" lui-même veut dire "homme libre". Le yaz symbolise donc philosophiquement l'être humain devenu libre après s'être libéré de toutes ses chaînes.
Ce sigle apparait au centre du drapeau fédéral amazigh, créé par Youcef Medkour dans les années 1970, en rouge, symbolisant la vie, le sang qui unit les Berbères de Libye, de Tunisie, d'Algérie, du Maroc et des îles Canaries. Le bleu symbolise, quant à lui, la Méditerranée et l'océan Atlantique, le vert les montagnes boisées, le jaune l'immensité du Sahara où vivent les Touaregs.

Tajerrumt

La forme verbale

L'impératif simple : On utilise l'impératif pour exprimer un ordre ou une interdiction.

Exemple:	Urar	Joue
	Urare**t** ou Urare**m**	Jouez (masculin)
	Urare**mt**	Jouez (féminin)

Noter qu'il n'y a pas d'indices à la 2e personne du singulier (urar). La 2e pers. du pl. masculin a pour indices "---t" ou "---m" et la 2e pers. du pl. féminin "---mt"

Forme simple (infinitif) du verbe : c'est tout simplement la forme verbale de l'impératif simple 2e personne du singulier. Exemples : urar, ddu, ečč, sew, ali, ader, azzel, afeg, uɣal, ruḥ...

Forme verbale conjuguée : Elle est constituée du radical (ou thème) et des indices de personnes (voire leçon de grammaire de l'unité 1). Exemple : **urar**eɣ, t**urar**eḍ, y**urar**, t**urar**, n**urar**, ... "urar" est le radical, "--ɣ", "t--ḍ", "y--", "t--", "n--" ... sont des indices de personnes.

t **urar** em

Forme verbale = radical + indices de personnes

Les démonstratifs

Le démonstratif est un mot qu'on attache à un nom commun à l'aide d'un trait d'union. On l'utilise pour montrer la chose ou la personne dont on parle. Il est invariable. Il exprime:

La proximité	abrid-**a**, ixxamen-**a**, taqcict-**a**
	ce chemin-ci, ces maisons-ci, cette fille-ci
L'éloignement	aqcic-**ihin**, axxam-**ihin**, arrac-**ihin**
	ce garçon-là, cette maisons-là, ces garçons-là
L'absence	afrux-**nni**, tameṭṭut-**nni**, tullas-**nni**
	l'oiseau-là (qui est absent maintenant), la femme-là, les femmes-là

- On ajoute "y" aux démonstratifs (-a et -ihin) quand le nom se termine par une voyelle. Ex. asar**u-ya** (ce film-ci), igenn**i-yi**hin (ce ciel-là).
- Il existe aussi des formes allongées des démonstratifs (-a, ihin) selon les régions :
  "**-a**": "-ayi", "-agi", "-agini", "-ayini", "-agikana"...
  "**-ihin**": "ihinna", "inna".
- Les adverbes de lieu formés à partir des démonstratifs :
  da (dagi, dayi...): ici
  dihin (dihinna) : là-bas
  Din (dinna) : là (le lieu en question, le lieu dont on parle)

Poser une question totale/Répondre par oui ou non

Pour poser une question totale (à laquelle on répond par oui ou non), on peut se contenter de l'intonation interrogative ou ajouter "ɛni" ou "iḍari".
Ex. Turarem : *Vous avez joué.* Turarem? (Ɛni turarem?) : *Avez-vous joué?*
Ih, nurar : ***Oui**, nous avons joué.* **Xaṭi**, **ur** nurar **ara**: ***Non**, nous **n'**avons **pas** joué.*

ne .... pas = **ur** .... **ara**
oui : **ih** Non : **Xaṭi / ala**
Ex. Tu veux ? = Tevɣiḍ ?
Oui, je veux = Ih vɣiɣ
Non, je **ne** veux **pas = Xaṭi, ur** vɣiɣ **ara**

Amawal

Tamdint-Taddart / Ville-Village

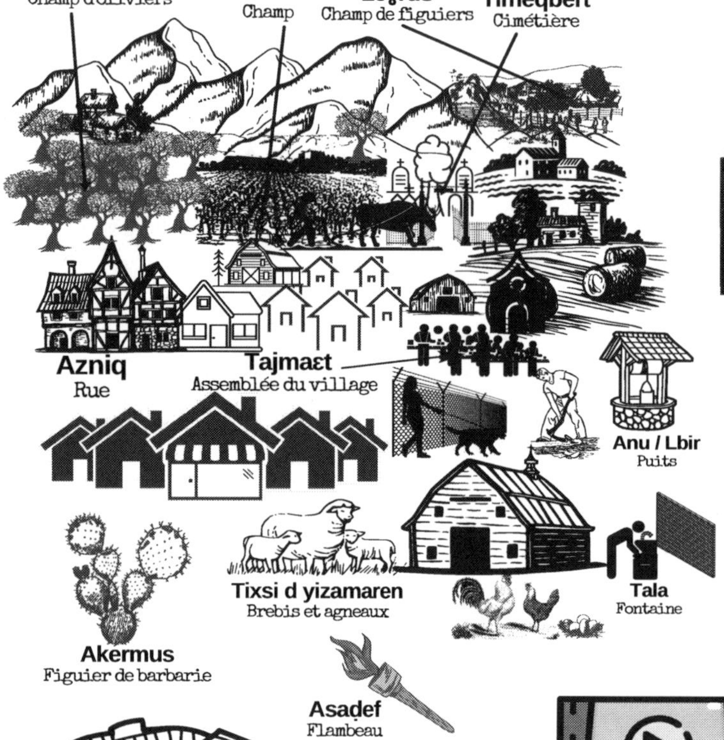

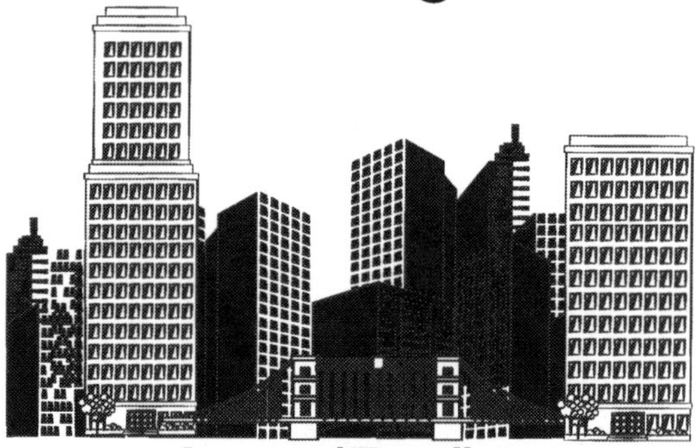

Aɣaram / Tamdint
Ville

Asebdad
Statue

Tazeqqa n tmeɣriwin
Salle de spectacle

Annar n ddabex-uḍar
Stade de football

Asegnaf / Sbiṭar
Hôpital

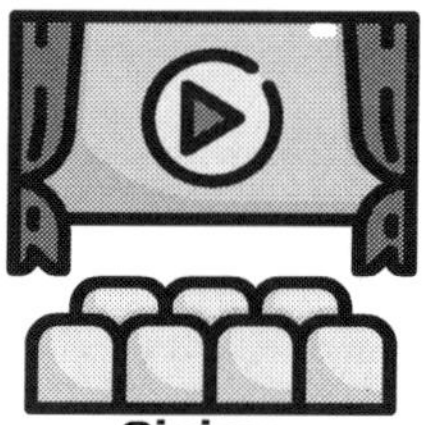

Sinima
Cinéma

Taqubet
Mausolée

Tasdawit
Université

Amestul/ Aḡadermi
Gendarme

Amsaltu
Policier

Aserdas / Aεsekri
Soldat

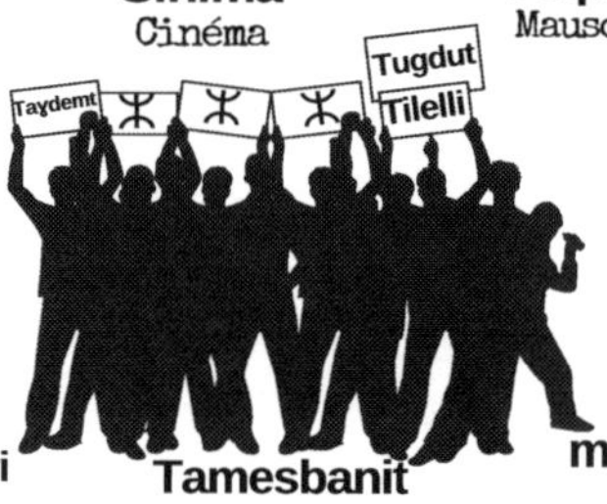

Tamesbanit
Manifestation

Amsaltu mgal- taɣewwaɣt
Policier antiémeute

Asexsay
Pompier

Anafag
Aéroport

Asagen
Port

Imessukal
Voyageurs

Imsezgaren
Douanes

Amsineg / Apaspur
Passeport

Takarḍa n tnekkit
Carte d'identité

Asensu
Hôtel

Asečču
Restaurant

Taɣsert / Lagar
Gare

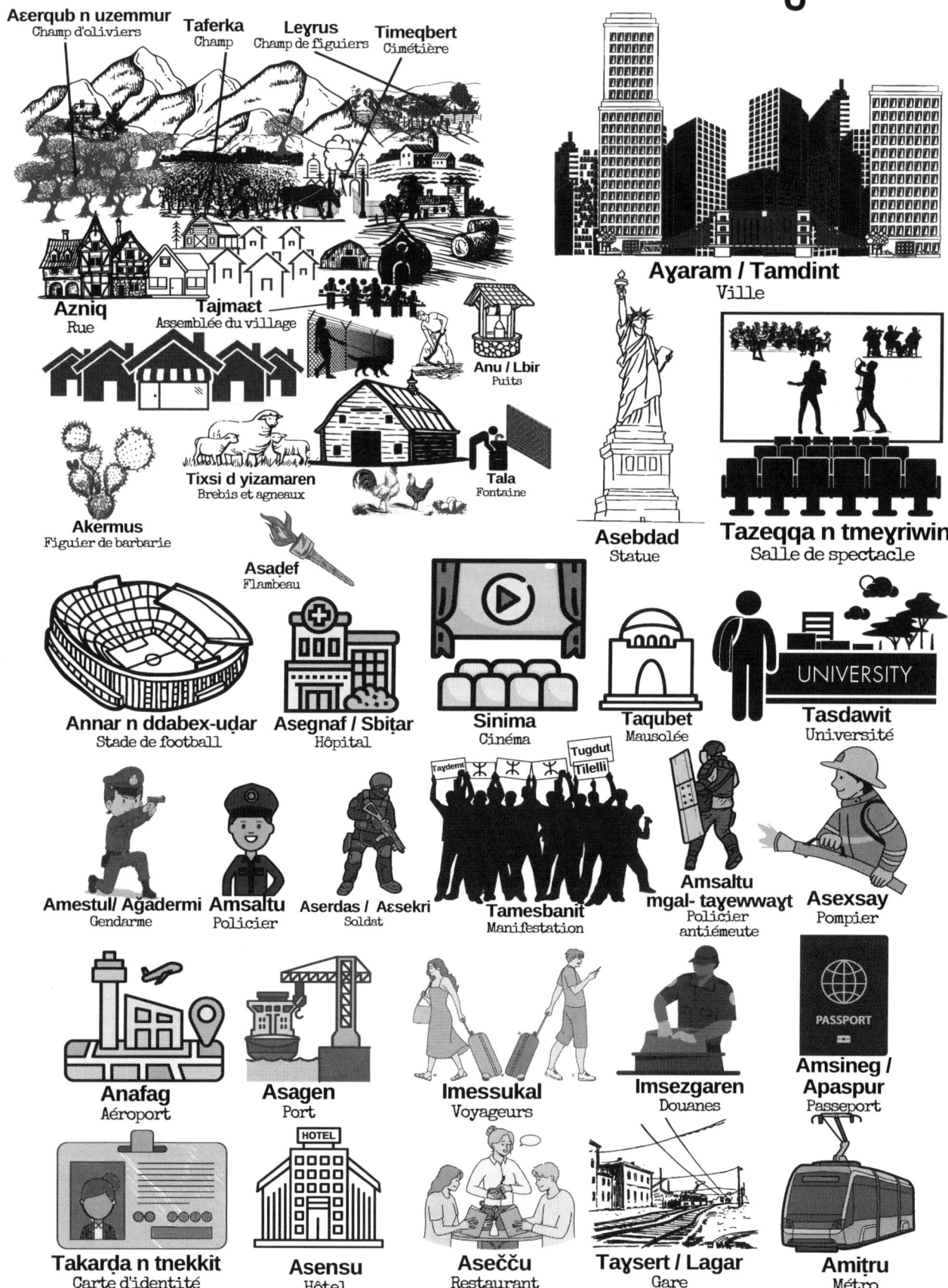

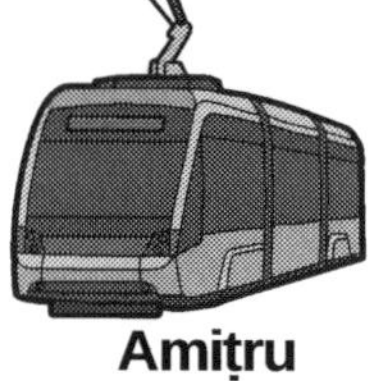

Amiṭru
Métro

Amawal

Axxam / Maison

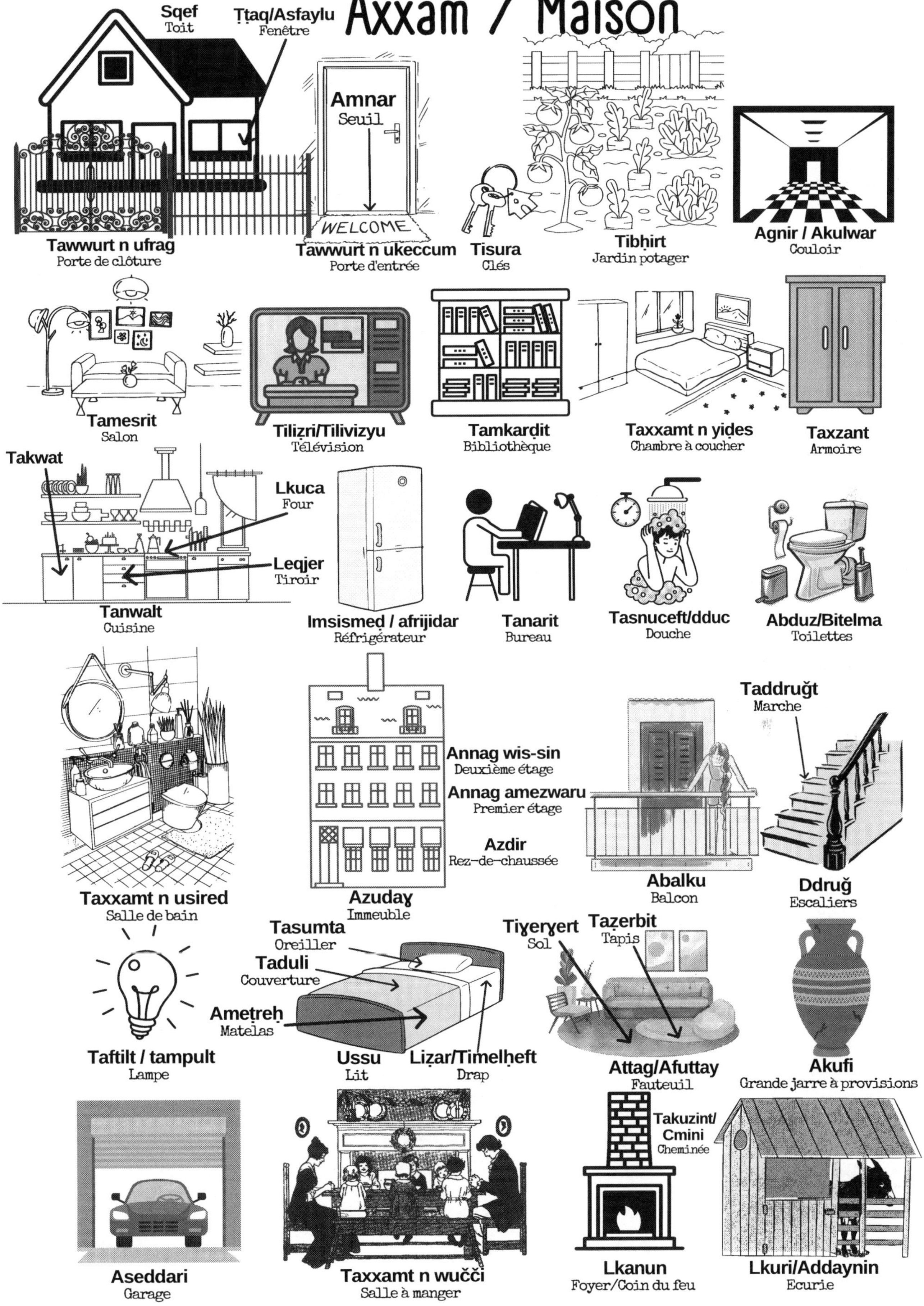
Sqef
Toit
Ṭṭaq/Asfaylu
Fenêtre
Tawwurt n ufrag
Porte de clôture
Amnar
Seuil
WELCOME
Tawwurt n ukeccum
Porte d'entrée
Tisura
Clés
Tibḥirt
Jardin potager
Agnir / Akulwar
Couloir
Tamesrit
Salon
Tilizri/Tilivizyu
Télévision
Tamkarḍit
Bibliothèque
Taxxamt n yiḍes
Chambre à coucher
Taxzant
Armoire
Takwat
Lkuca
Four
Leqjer
Tiroir
Tanwalt
Cuisine
Imsismeḍ / afrijidar
Réfrigérateur
Tanarit
Bureau
Tasnuceft/dduc
Douche
Abduz/Bitelma
Toilettes
Taxxamt n usired
Salle de bain
Annag wis-sin
Deuxième étage
Annag amezwaru
Premier étage
Azdir
Rez-de-chaussée
Azuday
Immeuble
Abalku
Balcon
Taddruğt
Marche
Ddruğ
Escaliers
Taftilt / tampult
Lampe
Tasumta
Oreiller
Taduli
Couverture
Ameṭreḥ
Matelas
Ussu
Lit
Liẓar/Timelḥeft
Drap
Tiɣerɣert
Sol
Taẓerbit
Tapis
Attag/Afuttay
Fauteuil
Akufi
Grande jarre à provisions
Aseddari
Garage
Taxxamt n wučči
Salle à manger
Takuzint/
Cmini
Cheminée
Lkanun
Foyer/Coin du feu
Lkuri/Addaynin
Ecurie

LMED S WURAR !

Apprends en jouant !

1- Nadi-d ɣef ssiwan (parapluie), tisura (clés), adlis (livre), ddabex (ballon), taɛelǧet (poupée), tabrat (lettre), taḍebsit (assiette), afenǧal (tasse), abuqal (carafe), akersi (chaise), izzir (toupie), ileqqafen (billes).

Dans ton cahier, écris tes phrases en utilisant les formules suivantes pour montrer un objet, un lieu, un animal ou une personne:
Ssiwan, a-t-an ....

2- Complète cette grille.

Horizontal

Vertical

3- Nomme en kabyle les objets, animaux ou personnes qui n'existent que sur l'une des deux images. Ecris-les dans ton cahier.

4- Voici un plan imaginaire de la ville de Paris. Tu attends le bus. Un touriste kabyle te demande de lui indiquer le chemin pour aller à :

1 L'Arc de triomphe

2 Le musée d'Orsay

3 Le Louvre

4 La cathédrale Notre-Dame

5 La basilique du Sacré-Cœur

6 La Tour Eiffel

7 Le Centre Pompidou

Dans ton cahier, écris des phrases pour lui indiquer les itinéraires pour aller à pieds à ces endroits- Imagine un dialogue avec ce touriste. Utilise les expressions apprises dans les unités précédentes.

5- L'oiseau (afrux) se déplace par rapport à sa cage (lqefs). Ecris une phrase à chacun de ses déplacements. Utilise la bonne préposition. Commence tes phrases par :
"*Afrux, a-t-an......*"

6- Lunǧa est dans une cage. Elle a été enfermée par Waɣzen, l'ogre. Pour la sauver, il te donne des réponses et toi tu dois lui donner les bonnes questions. Si tu ne connais pas la question, tu reçois un coup de massue sur la tête ! 😅

Kečč / Kemm : ....?
Waɣzen : Isem-iw Waɣzen.
Kečč / Kemm : ....?
Waɣzen : Ur cfiɣ ara* acḥal di leɛmer-iw.
Kečč / Kemm : ....?
Waɣzen : Zedɣeɣ deg udrar-ihin, deg teẓgi n lewḥuc*.
Kečč / Kemm : ....?
Waɣzen : Ɣucceɣ tament*, d taẓidant; ḥemmleɣ lluz* arẓagan.
Kečč / Kemm : ....?
Waɣzen : Lunǧa, a-tt-an deg lqefs.
Kečč / Kemm : ....?
Waɣzen : Ruḥ qbala, ali s adrar n tmes*, ad tafeḍ leqser*; kcem, ali ddruǧ arma d annag aneggaru, ad tafeḍ Lunǧa di texxamt talemmast. Yella uydi, ma iɣeẓẓ-ik ad temmteḍ. Azzel !
Kečč / Kemm : ....?
Waɣzen : Ulac fell-as.
Kečč / Kemm : ....?
Waɣzen : Ar tufat !

(*) **Tament** : miel
Teẓgi est l'état d'annexion de **Tiẓgi** : forêt
Lluz : l'amande (fruit)
Lweḥc / Lewḥuc : monstre / monstres
Leqser : château
ma iɣeẓẓ-ik ad temmteḍ : s'il te mord, tu mourras.
Adrar n tmes : montagne de feu (métaphore du volcan).

7- Urar n "Ma yenna Frawsen, ini" (Le jeu de Si Frawsen a dit, tu dis). Fais comme dans l'exemple : Frawsen te donne la forme simple du verbe et toi tu le conjugues à l'impératif. N'oublie pas de traduire en français. (m. masculin f. féminin.)

⚠ La lettre "e" change parfois de place dans le verbe conjugué. Ex. Rfed (porter): refdet

Ma yenna Frawsen : ddu : *marcher*
Ini : ddu, ddut, ddu**mt**
marche, marchez (m.), marchez (f.)

Ma yenna Frawsen : xemmem : ....
Ini : ....
....

Ma yenna Frawsen : ḍes : ....
Ini : ....
....

Ma yenna Frawsen : ffeɣ : ....
Ini : ....
....

Ma yenna Frawsen : qqim : ....
Ini : ....
....

Ma yenna Frawsen : gen : ....
Ini : ....
....

Ma yenna Frawsen : wet : ....
Ini : ....
....

Ma yenna Frawsen : mmeslay : ....
Ini : ....
....

Ma yenna Frawsen : urar : ....
Ini : ....
....

Ma yenna Frawsen : kcem : ....
Ini : ....
....

Ma yenna Frawsen : bedd : ....
Ini : ....
....

Ma yenna Frawsen : afeg : ....
Ini : ....
....

Ma yenna Frawsen : azzel : ....
Ini : ....
....

Ma yenna Frawsen : ffer : ....
Ini : ....
....

8- Urar n "Yeffer Frawsen" : tu joues contre Frawsen. Si tu trouves où se cache Frawsen, tu gagnes un point, sinon, ce sera un point de gagné pour Frawsen. Commence tes phrases ainsi: *Frawsen yeffer*..................

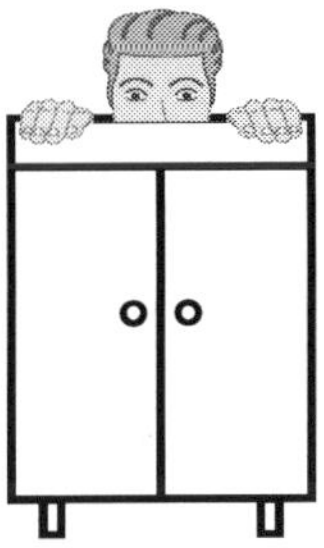

....
....
....
....
....

9- Compose des mots en kabyle avec ces pièces de scrabble pour traduire ces verbes conjugués en français.

Nous courons L_{1} N_{1} T_{1} E_{1} T_{1} A_{1} A_{1} Z_{10} Z_{10}

Vous jouez M_{3} A_{1} E_{1} U_{1} R_{1} R_{1} T_{1} T_{1} T_{1}

Elle dort T_{1} N_{1} E_{1} G_{2}

Ils écrivent A_{1} U_{1} T_{1} T_{1} R_{1} N_{1}

Elles parlent S_{1} L_{1} E_{1} M_{3} Y_{4} A_{1} E_{1} N_{1} T_{1} T_{1} T_{1}

Nombre de points gagnés : ....

10- Mots fléchés avec phrase cachée.

ader
afrag
akermus
akessar
alemmas
ali
amezwaru
anda
aneggaru
asawen
avrid
ayeffus
azniq
azul
da
ddaw
deffir
dihin
din
ikcem
massa
nnig
qqiment
rrif
taddart
tamdint
tasarut
ti
tin
ufgen
wi
win
zdat
zemrent

A	A	N	D	A	N	T	A	M	D	I	N	T	G	L
M	T	I	L	I	A	U	S	M	E	C	K	I	A	A
E	N	V	D	V	Q	A	F	A	A	Z	N	I	Q	N
Z	V	A	R	D	Q	Y	E	G	M	N	M	M	A	E
W	N	I	S	I	I	D	S	R	E	M	F	S	A	G
A	D	J	L	W	M	E	U	S	D	N	E	I	G	G
R	T	A	I	N	E	F	M	W	I	S	N	L	R	A
U	D	A	Z	X	N	F	R	L	H	A	D	N	A	R
D	G	W	D	D	T	I	E	A	I	C	M	S	V	U
N	A	D	A	D	W	R	K	T	N	E	R	M	E	Z
M	E	Z	T	A	A	E	A	Q	G	A	R	F	A	W
M	U	W	D	W	S	R	S	J	T	A	S	V	W	N
L	C	D	A	S	G	H	T	U	D	I	W	S	E	G
Q	D	T	A	S	U	F	F	E	Y	A	N	F	A	E
T	U	R	A	S	A	T	R	N	T	P	N	I	W	M

Tafyirt tuffirt :

____ ____ ____ _ _____

11- Aql-ik di tlemmast. Tu es au milieu. Utilise les démonstratifs (-a, -ihin, -nni) pour montrer où se trouve l'objet, l'animal ou la personne. Ecris les réponses dans ton cahier.

12- Chantons ! "Ad k-weṣṣiɣ ɛzizen" de Newwara.

A k-weṣṣiɣ a mmi ɛzizen
D lɛib ma tettuḍ lasel-ik
Ulac w'ara k-iḥesben
M'ur tessineḍ imawlan-ik
Ḥader a k-iɣur wi ijaḥen (2)
Ad truḥeḍ ur d-teǧǧiḍ later-ik (2)

Rfed leqlam ad tarud
Ad tezreḍ d acu i iɛeddan
Maččí d ayen ara temḥuḍ
Maččí d ayen yettfakan
Win d-ilulen a s-teḥkuḍ (2)
Akken ad yissin wi t-ilan
(Refrain)

****

Ur vɣiɣ ara ad terfuḍ
Ma hedreɣ-ak-d ɣef lejdud-ik
Smektaɣ-k-id ma tettuḍ
Ahat a k-yeɣḍer yiḍes-ik
Ttweṣṣiɣ deg-k ad tecfuḍ (2)
Ad teḥkuḍ i weḥbib-ik
(Refrain)

Ḥader a k-yawi waḍu
Lehdur i k-nniɣ ad ruḥen
D agerruj w'ur nettfuku
Wqem-asen amkan zeddigen
Ɣef lsas iṣeḥḥan vnu (2)
Ma ulac dderya ixesmen
(Refrain)

Boulifa, le précurseur berbérisant

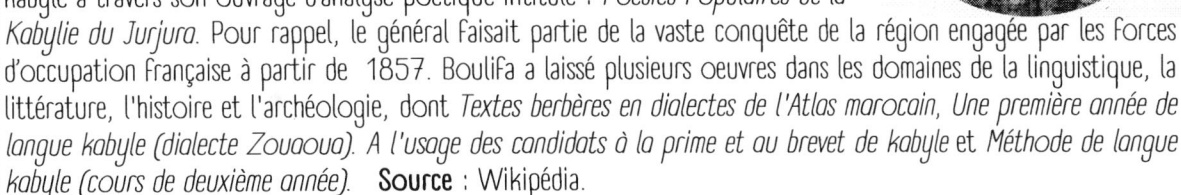

Boulifa (1865?-1931) est professeur de langue berbère à l'Ecole normale et à la Faculté des Lettres d'Alger, né au village d'Adeni (commune d'Irdjen) et mort à Alger. Son père, Amar, l'a laissé orphelin très jeune. Il est alors confié à la famille de son oncle maternel qui le scolarise à Tamazirt.

Instituteur formé à l'école normale de Bouzaréah dans les années 1890, il devient par la suite linguiste, sociologue et historien. Il s'insurge contre les conclusions intentionnées du général anthropologue Adolphe Hanoteau faites sur la société kabyle à travers son ouvrage d'analyse poétique intitulé : *Poésies Populaires de la Kabylie du Jurjura*. Pour rappel, le général faisait partie de la vaste conquête de la région engagée par les forces d'occupation française à partir de 1857. Boulifa a laissé plusieurs oeuvres dans les domaines de la linguistique, la littérature, l'histoire et l'archéologie, dont *Textes berbères en dialectes de l'Atlas marocain*, *Une première année de langue kabyle (dialecte Zouaoua). A l'usage des candidats à la prime et au brevet de kabyle* et *Méthode de langue kabyle (cours de deuxième année).* **Source** : Wikipédia.

Orthographe

Les sons «h», « ḥ » « q » et « ε » n'existent pas en français. Il va falloir donc s'entraîner à les prononcer. Nous vous donnons quelques indications dans le tableau ci-dessous mais celles-là ne suffisent pas, il faut s'entraîner avec les exercices de la partie phonétique pour te les approprier. Le "h" existe quand même en anglais.

h	Se prononce comme le « h » anglais (he, have, half)	Yel**h**a i**h** A**h**endi Le**h**lak (aṭṭan)	*Il est bon* *oui* *Indien* *maladie*
ḥ	Ce son s'obtient par le frottement de l'air expiré du fond du gosier entre les parois du pharynx fortement contractées. (1)	Ḥemmel Aḥiḥa Iḥbuben Ḥebbu	*Aimer, être amoureux* *Chanson d'amour* *Figues sèches* *Chéri(e)*
q	Ce son s'obtient en appliquant la racine de la langue contre le voile du palais. (2)	Ye**qq**im Seqcer Qrib Aqeddac	*Il est assis/il est resté* *Eplucher* *Bientôt* *Domestique, serviteur*
ε	Se prononce de la même manière que le « ḥ » mais avec vibration du larynx.	leεmer Ɛiwen Ɛumm Ɛwej Seεwej	*Age* *Aider* *Nager* *Être tordu* *Tordre, déformer*

Phonétique

Entrainement

1- Répète les mots suivants puis vérifie ta prononciation.
Entoure les mots (les graphèmes) qui te sont difficiles à lire.
Entoure les sons spirants et souligne les sons occlusifs

Dehhuɣ, dehcen, han, amehraz-ihin, teɣzi tehri.
Je m'occupe, il sont déconcertés, maltraiter, ce mortier-là, longueur et largeur.
Ḥemmel, ḥmel, lḥiḍ, lḥaf, lḥif, dduḥ, yeḥma lḥal, aḥercaw, aḥric.
Aimer, être en crue, mur, voile de femme, misère, berceau, il fait chaud, rugueux, part.
Lqef, leqqem, nqec, meqqar, meqqer, nṭeq, timerqemt.
Saisir, greffer, piocher, au moins, il est grand, prendre la parole (prononcer), chardonneret.
Ɛyiɣ, aεdaw (acengu), εeddi, εad, εacer, aεebbuḍ.
Je suis fatigué, ennemi, passer, à plus forte raison, fréquenter, ventre.

2- Après une première écoute de ces phrases, relis-les en respectant les intonations (interrogative, exclamatives et déclaratives.)

-Yella ḥedd ?
-Ulaḥedd.
-Smeḥ-iyi (Suref-iyi).
-Semḥeɣ-ak (surfeɣ-ak).
-Ulac smaḥ !
-Ḥemmleɣ-kem !
-Ad k-teḥmel tḥemmalt !
-Taqcict-a teḥrec nezzeh deg turart n yileqqafen.
-Netta meqqar yenṭeq-d, ur yessussem ara !

-Il y a quelqu'un ?
-Il n'y a personne.
-Excusez-moi.
-Je t'excuse.
-Pas de pardon !
-Je t'aime !
-Que la crue t'emporte ! [Jeu de mots avec les mots « ḥemmel » «(aimer) et « ḥmel » (être en crue) pour répondre à qui dit « je t'aime (bien) » hypocritement.]
-Cette fille est très forte en jeu de billes.
-Lui, au moins, il s'est prononcé, il ne s'est pas tu.

Discrémination

3- Sépare les syllabes à l'aide d'un slash (/) dans les phrases ci-dessus .

Interprétation

1- Lis les mots à voix haute. Le sens importe peu.
2- Ecoute l'enregistrement. Compare.

Telha	**Yelḥa**	**Qqim**	**Aεiwen**
Lehhunt-d	**Leḥḥunt-d**	**Qqam**	**Aεudiw**
Ur yelhi ara	**Ur telḥi ara**	**Yeqqur**	**Aεudiw n Ɛli**
Ihudd-itent	**Ḥemmlent aḥiḥa**	**Amqerqur**	**εlay yerna**
Yelha wi	**Tewḥel Ḥuriya.**	**D aḥeqqar yerna**	**yettεennin**
tthenan.	**Ğeḥḥa di rreḥba iḥar**	**yeqqur wul-is.**	**yekkat**
Hummen	**ansi d-tekka rriḥa.**	**Yehlek sqemqam.**	**tiqqar.**

UNITÉ 4

Se repérer dans le temps

Ger tamawt *Ecoute l'audio de cette B.D. et répète les répliques*

1 A-tt-an d 10 u 10, yiwen seg-sen mačči ixeddem !
2 Kcem ɣer tḥanut-nni, ad tafeḍ iserwula ack-iten.
3 Igguma ad ifakk wass-a !
4 Xaqqeɣ fell-am a yemma !
5 Salas, di Messenger, yezga ihedder d yemma-s; Tafsut, segm'ara d-tekker d nettat tettmeslay di tilifun, ma d Yuba ur itekkes allen-is di ssaɛa-s !
a massa ! 6
7 D acu dayen !?
Acḥal ssaɛa? 8
A-tt-an d 10 d uzgen 9
10 Yiwen seg-sen ur ixeddem !
Eğğ-aɣ ad nurar ! 11
12 D nekk i sen-yennan ad sgunfun seg lɛecra ar lɛecra d wezgen.
Ay acekkam ! 13
14 Awer tafeḍ ass amellal !
Ad teffɣeḍ ɣef wacḥal ssaɛa tameddit-a ? 15
Ad ffɣeɣ ɣef 3, bdiɣ axeddim ɣef 8. 16
Sɛiɣ idrimen; ass-a ad ṭṭixreɣ ! 18
Kečč temxelleḍ! 19
20 Awer d-tuɣaleḍ !
Awer timlit yid-wen 21

Nadi *D'après cette BD, comment on dit en kabyle :*

1- Il est 10h10 et personne ne travaille !

2- Salas, sur Messenger, ne cesse de parler avec sa mère.

3- Tafsout n'arrête pas de parler au téléphone. Quant à Youva, il ne relève pas ses yeux de sa montre.

4- Entre dans ce magasin-là, tu trouveras de très beaux pantalons !

5- Qu'est-ce qu'elle est longue, cette journée !

6- Tu me manques, maman !

7- Quelle heure est-il ?

8- Il est 10 h et demie.

9- Tu sortiras à quelle heure cette après-midi ?

10- Je sortirai à 3 h (15h), j'ai commencé le travail à 8 h.

11- Je démissionne aujourd'hui !

12- Que tu ne reviennes plus !

Mmeslay *Des outils pour t'exprimer :*

Dire l'heure

1 Questionner

- **Acḥal ssaɛa ?**
- **Ɣef wacḥal ssaɛa i** tettetteḍ, **i** tbedduḍ axeddim, **i** tetteffɣeḍ seg uxeddim, **i** tettruḥuḍ ɣer lakul... **?**
- **Ɣef wacḥal ssaɛa ara** d-awḍen ?
- **Ɣef wacḥal ssaɛa i** d-uwḍen ?
- **Arma d acḥal ssaɛa i** tegganeḍ ?
- Txeddmem **seg wacḥal ssaɛa ɣer wacḥal ssaɛa** ?

- Quelle heure est-il ?
- A quelle heure manges-tu, commences-tu le travail, sors-tu du travail, vas-tu à l'école ? ...
- A quelle heure arriveront- ils ?
- A quelle heure sont-ils arrivés ?
- Jusqu'à quelle heure dors-tu ?
- Tu travailles de quelle heure à quelle heure ?

2 Répondre

- **A-tt-an d** tmanya.
- **Ɣef** tlalta.
- Ad d-awḍen **ɣef ttesɛa.**
- Uwḍen-d **ɣef rrebɛa.**
- **Gganeɣ ɣef lɛecra d uzgen.**
- Xeddmeɣ **seg** tmanya **arma** leṭnac.

- Il est 8 heures.
- A 3 heures.
- Ils arriveront à neuf heures.
- Ils sont arrivés à quatre heures.
- Je me couche à dix heures et demie.
- Je travaille de 8h jusqu'à douze heures.

A-tt-an d lxemsa

A-tt-an d lxemsa **u xemsa**

A-tt-an d lxemsa **u ɛecra**

A-tt-an d lxemsa u **rveɛ**

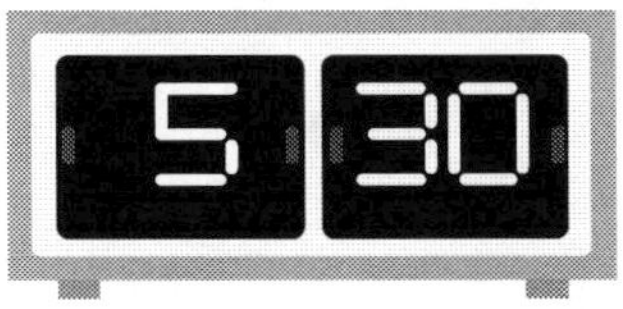

A-tt-an d lxemsa **d uzgen**

A-tt-an d lxemsa **ɣir rveɛ**

- **Lweḥda (1 heure),**
- **sseɛtin (2 heures),**
- **tlata (3 heures),**
- **rrebɛa (4 heures),**
- **lxemsa (5 heures),**
- **ssetta (6 heures),**
- **ssebɛa (7 heures),**
- **tmanya (8 heures),**
- **ttesɛa (9 heures),**
- **lɛecra (10 heures),**
- **leḥdac (11 heures),**
- **leṭnac (12 heures).**

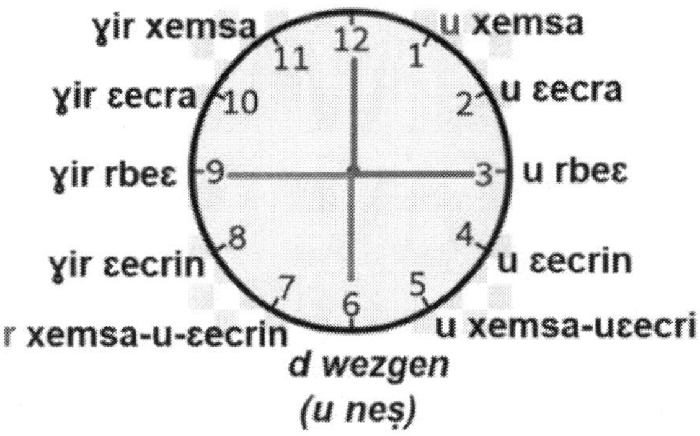

⚠ Il existe des mots amaziɣ pour dire l'heure, les nombres, les jours de la semaine, les mois, mais ils ne sont pas encore utilisés dans la langue populaire. Nous nous contentons ici des mots d'origine étrangère (mais modifiés, pour ne pas dire kabylisés), dans la mesure où l'objectif de cet ouvrage est essentiellement de vous apprendre à communiquer en kabyle avec des personnes lambda.

En ville - Les transport

① Questionner

- **Melmi ara truḥeḍ ɣer tmurt ?**
- **Ɣef wacḥal (ssaɛa) ara d-iɛeddi lkar ara iruḥen ɣer Bgayet ?**
- **Ɣef wacḥal ara teqleɛ tmacint ?**
- **Deg wanta labyu (timesrifegt) ara teddud ?**
- **Ɣef wacḥal ara teldi tḥanut-a ?**
- **Ɣef wacḥal ara yebdu lmač n JSK ?**

- Quand partiras-tu au pays ?
- A quelle heure passera le bus qui va à Béjaia ?
- A quelle heure démarre le train ?
- Quel avion prendras-tu? (Dans quel avion iras-tu ?)
- A quelle heure ouvre ce magasin ?
- A quelle heure commencera le match de la JSK (Jeunesse Sportive de Kabylie).

② Répondre

- **Ad ruḥeɣ ass n ssebt, lḥedd, letnayen...**
- **Ad d-id-iɛeddi ɣef lxemsa. <u>Qrib</u> ad d-yaweḍ.**
- **Suref-iyi imi ɛeṭṭleɣ !**
- **Yeǧǧa-yi lkar ! Teǧǧa-yi tmacint !**

- Je partirai samedi, dimanche, lundi...
- Il passera à 5h. Il arrivera <u>bientôt</u>.
- Excuse-moi d'être arrivé(e) en retard.
- J'ai raté le bus ! J'ai raté le train !

Les nombres

Les nombres et les jours de la semaine en tamazight, voire l'annexe. Les emprunts (à l'exception de *yiwen* et *sin*) sont les plus utilisés dans la langue de la vie quotidienne.

1- yiwen	**11- ḥdac**	**21- waḥd u ɛecrin**	**31- waḥd u tlatin**	**50- xemsin**
2- sin	**12- tnac**	**22- tnin u ɛecrin**	**32- tnin u tlatin**	**60- settin**
3- tlata	**13- telṭac**	**23- tlata u ɛecrin**	**33- tlata u tlatin**	**70- sebɛin**
4- revɛa	**14- rbeɛṭac**	**24- revɛa u ɛecrin**	**34- rebɛa u tlatin**	**80- tmanyin**
5- xemsa	**15- xemseṭṭac**	**25- xemsa u ɛecrin**	**35- xemsa u tlatin**	**90- ttesɛin**
6- setta	**16- seṭṭac**	**26- setta u ɛecrin**	**36- setta u tlatin**	**100- mya**
7- ssebɛa	**17- sbeɛṭac**	**27- sebɛa u ɛecrin**	**37- sebɛa u u tlatin**	**1000- alef**
8- tmanya	**18- tmenṭac**	**28- tmanya u ɛecrin**	**38- tmanya u tlatin**	**1000000- amelyun**
9- ttesɛa	**19- seɛṭac**	**29- ttesɛa u ɛecrin**	**39- ttesɛa u tlatin**	**1000000000- amelyar**
10- ɛecra	**20- ɛecrin**	**30- tlatin**	**40- rebɛin**	

Les jours de la semaine

Letnayen (lundi)
Ttlata (mardi)
Larebɛa (mercredi)
Lexmis (jeudi)
Lǧemɛa (vendredi)
Ssebt (samedi)
Lḥedd (dimanche)

Les saisons

Tafust (printemps)
Anebdu (été)
Lexrif/amiwan (automne)
Tagrest / ccetwa (hiver)

Les mois

Yennayer (janvier)
Furar (février)
meɣres (mars)
Ivrir (avril)
Mayu (mai)
Yunyu (juin)
Yulyu (juillet)
Ɣuct (août)
Cṭember (septembre)
Tuber (octobre)
Unbir (novembre)
Dujember (décembre)

Hormis les nombres berbères (1 et 2), les autres nombres sont invariables.
Ex. yiwen weqcic/ yiwet teqcict. *un garçon/une fille.*
Sin yicennayen / snat tcennayin. *Deux chanteurs/deux chanteuses.*
Tlata warrac/tlata teqcicin . *Trois garçons/ trois filles.*

Yennayer, c'est quoi ?

Le premier mois du calendrier amazigh est yennayer. Le jour de l'an berbère (*Amenzu n yennayer*) est fêté par plusieurs régions amazighes.

Yennayer est composé de deux mots berbères : yan, qui signifie « un, premier », et ayyur, qui veut dire «mois ».
Yennayer est donc le premier mois.
Les origines de Yennayer remontent à 950 av J-C, date de la victoire du roi berbère Chachnaq sur le pharaon Ramsès III. Chachnaq (sous le nom de Sheshonk 1er) est le fondateur de la 22e dynastie pharaonique d'Égypte. Une statue à l'effigie de Chachnaq est érigée à Tizi-Ouzou et inaugurée le mardi 12 janvier 2020, à l'occasion du jour de l'an 2971.
C'est ce qui explique pourquoi l'année 2024 de l'ère commune correspond à 2974 du calendrier agraire utilisé par les Amazighs depuis l'Antiquité. *Amenzu n Yennayer* est généralement fêté le 12 janvier de chaque année.
De nos jours, sa célébration est marquée par plusieurs festivités mais les familles continuent de perpétuer le traditionnel *Imensi n Yennayer* qui est un repas à base de couscous et volaille ; celui-ci doit être copieux pour symboliser l'abondance de l'année qui s'ouvre.

(*) Traduction du texte sur la carte ci-dessus: *A l'occasion du Jour de l'an (ou du premier janvier), je te souhaite une bonne année.*

Amenzu n tefsut se fête aussi !

Amenzu n tefsut (Premier jour du Printemps) est également célébrée dans plusieurs régions de Kabylie. La Kabylie est connue par ses hivers glaciaux et enneigés, à l'arrivée de la belle saison, la nature s'éveille et reprend ses belles couleurs. Les montagnes redeviennent verdoyantes. Des fleurs de toutes sortes et de toutes les couleurs poussent partout.
La date de cette célébration est décidée par les citoyens car l'hiver dure parfois plus longtemps que prévu et on ne peut fêter le printemps que quand le temps est beau ! C'est pourquoi on dit "*Kkret ad nemmager tafsut*" (accueillons le printemps) !
A chaque fête traditionnelle kabyle, un plat spécifique. Pour Amenzu n tefsut, au dîner (imensi n tefsut), les familles préparent un repas traditionnel constitué de couscous et de légumes cuits à la vapeur, le tout mélangé après cuisson. Ce plat dépuratif et revigorant s'appelle "Ameqful" ou "Aderyis".
Mais la célébration la plus importante se déroule le jour. Le matin, des processions de femmes de tous âges en compagnie des enfants et des jeunes gens se forment au lieu de départ du cortège. Les femmes vêtues de robes traditionnelles et portant des bijoux kabyles sont, généralement, elles qui animent la cérémonie en chantant et en jouant du *avendir* (un tambour fait d'une peau montée sur un cerclage en bois). Les tambourinaires peuvent aussi y être conviés. Les randonneurs du printemps s'arrêtent aux mausolées pour implorer les saints vénérés pour que l'année soit belle comme le printemps...

Tajerrumt

La particule prédicative "d"

La phrase nominale est simplement une phrase sans verbe. Elle est formée d'un nom (ou équivalent) accompagné d'un élément prédicatif. L'un de ces éléments prédicatifs - le plus important- est la particule "d".

1- La particule prédicative "d" (c'est, ce sont) : cette particule précède un nom en **état libre.**

Ex. *Forme affirmative*	*Forme négative*
D abrid. (*C'est une route*)	**Mačči** d abrid. (*Ce n'est une route*)
D iberdan. (*Ce sont des routes*)	**Mačči** d iberdan. (*Ce ne sont pas des routes*)
D taddart. (*C'est un village*)	**Mačči** d taddart. (*Ce n'est un village*)
D tuddar. (*Ce sont des villages*)	**Mačči** d tuddar. (*Ce ne sont pas des villages*)

⚠ Lorsque la particule "d" (qu'elle soit prédicative ou prépositive) est suivie du "t" initial du nom féminin, cela donne le son [ṭ] qui est très proche du son "t" et "s" prononcés au même temps.

Ex. D taddart se prononce [ṭ-ṭaddart] (voir annexe "Les assimilations").

⚠ **Ne pas confondre**

La particule prédicative "d" avec :

- **La particule de direction "-d".** **Ex.** Yuɣal-**d** (*il est revenu*)
- **La préposition "d"** (*avec, et*). Le nom qui suit cette préposition est en état d'annexion (voir leçon de grammaire de l'unité 2).
  Ex. - Tameṭṭut **d** urgaz (*la femme et l'homme*)
  - Yeffeɣ d uqcic. (*Il est sorti avec le garçon*)

Les expansions du groupe nominal (GN) placé après la particule prédicative peut avoir différentes natures grammaticales (affixes du nom, participe, adjectif qualificatif, etc.)

D **aqcic** (*C'est un garçon*). D **aqcic-ihin** (*C'est ce garçon-là*).

D **aqcic-ihin amecṭuḥ i ivedden zdat tewwurt.** (*C'est ce petit garçon-là debout devant la porte*).

Ne comportant pas de verbe conjugué, la phrase nominale a besoin d'un complément circonstanciel de temps pour se situer dans le temps.

Azekka d asemmiḍ. (*Demain il fera froid*)

Les affixes du nom

Axxam **n lǧar** = *La maison **du voisin***

Axxam-**is** /axxam-**ines** = ***sa** maison*

-is et **ines** sont des affixes du nom. C'est l'équivalent du déterminant possessif en français.

- Au personnes du singulier, l'affixe du nom a deux formes (ex. -is et ines) qui ont le même sens.
- Ces affixes ne s'accordent pas avec le nom mais avec seulement la personne. Comparons:

Français	**kabyle**
"ma", "mon" et "mes"	= -(i)w/-inu
"ta", "ton", "tes"	= -(i)k/inek im / ((i)m/inem
"sa", "son" et "ses"	= -(i)s / ines
"notre" et "nos"	= nneɣ
"votre" et "vos"	= nwen (m.) nwent (f.)
"Leur" et "leurs"	= nsen (m.) nsent (f.)

Personne	**singulier**	**pluriel**
1re m. :	tasarut-**iw** tasarut-**inu** ***ma** clé*	tisura-**nneɣ** ***nos** clés*
1re f. :	tasarut-**iw** tasarut-**inu** ***ma** clé*	tisura-**nteɣ** ***nos** clés*
2me . m:	tixxamin-**ik** tixxamin-**inek** ***tes** chambres*	tasarut-**nwen** ***votre** chambre*
2me.f. :	adlis-**im** adlis-**inem** ***ton** livre*	adlis-**nwent** ***votre** livre*
3me m. :	lǧib-**is** lǧib-**ines** ***sa** poche*	lǧib-**nsen** ***leur** poche*
3me f.	allen-**is** allen-**ines** ***ses** yeux*	allen-**nsent** ***leurs** yeux*

Les affixes des prépositions

Amcic yeqqim **gar tyaziḍt d uydi.**

*Le chat est assis **entre** la poule et le chien.*

Amcic yeqqim **gar-asen.**

Le chat est assis **entre eux.**

"-asen" est un pronom affixe de préposition.

Les affixes utilisés avec la plupart des prépositions :

Personne	**singulier**	**pluriel**
1re m. :	deffir-**i** *derrière **moi***	deffir-**neɣ** *derrière **nous***
1re f. :	deffir-**i** *derrière **moi***	deffir-**nteɣ** *derrière **nous***
2me . m:	deffir-**k** *derrière **toi***	deffir-**wen** *derrière **vous***
2me.f. :	deffir-**m** *derrière **toi***	deffir-**went** *derrière **vous***
3me m. :	deffir-**s** *derrière **lui***	deffir-**sen** *derrière **eux***
3me f.	deffir-**s** *derrière **toi***	deffir-**sent** *derrière **vous***

Les prépositions :

deg, di (dans), **seg, si** (de "origine"), **d** (avec, et), **ddaw** (sous), **ɣef** (sur), **nnig** (au-dessus), **i** (à), **zdat** (devant) **deffir** (derrière), **n** (de, à "appartenance"), **gar** (entre), **am** (comme), **s** (vers, nom en état libre), **s** (par le moyen de, nom en état d'annexion), **ɣer** (à), **ɣur** (chez).

Les affixes des noms de parenté

Les pronoms affixes des noms de parenté sont différents de ceux des noms communs. On remarque qu'à la 1re personne, il n'y a pas d'affixe et aux personnes du pluriel, il y a un "t" en plus comparativement aux affixes des noms communs.

Les pronoms affixes des nom de parenté :

Personne	singulier	pluriel
1re m. :	yemma ***ma*** *mère*	yemma-**tneɣ** ***notre*** *mère*
1re f. :	yemma ***ma*** *mère*	yemma-**tenteɣ** ***notre*** *mère*
2me . m:	yemma-**k** ***ta*** *mère*	yemma-**twen** ***votre*** *mère*
2me.f. :	yemma-**m** ***ta*** *mère*	yemma-**twent** ***votre*** *mère*
3me m. :	yemma-**s** ***sa*** *mère*	yemma-**tsen** ***leur*** *mère*
3me f.	yemma-**s** ***sa*** *mère*	yemma-**tsent** ***leur*** *mère*

Les noms de parenté

baba (mon père)	**gma** (mon frère)	**jeddi** (mon grand-père)
yemma (ma mère)	**weltma** (mon frère)	**yaya/setti** (ma grand-mère)
mmi (ma fille)	**yelli** (ma fille)	**arraw-iw** (mes enfants)
ɛemmi (mon oncle paternel)		**xali** (mon oncle maternel)
ɛemti (mon tante paternelle)		**xalti** (ma tante maternelle)
dadda (mon grand frère)		**nanna** (ma grande soeur)

Des noms de parenté ayant les mêmes affixes que les noms communs :

aḍeggal (parent par alliance)	**ayaw** (neveu utérin)
aslif (beau-frère)	**arbib** (fils d'un premier lit)

Fell- yid- Yes-

Les formes des prépositions "ɣef"(sur), d (avec), et s (par le moyen) se transforment respectivement en fell-, yid- et yes- lorsqu'elles ont des affixes.

Ex. Tettkel **ɣef** temdukkal-is. *Elle a compté sur ses amies.*
Tettkel **fell**-asent. *Elle a compté sur elles.*
Yedda **d** warrac. *Il est allé avec les garçons.*
Yedda **yid**-sen. *Il est allé avec eux.*
Rẓan ablaḍ **s** ugelzim. *Ils ont une pierre avec une pioche.*
Rẓan avlaḍ **yes**-s. *Ils ont une pierre avec (elle).*

Les verbes d'état et adjectifs qualificatifs

Les verbes d'état, outre le fait qu'ils expriment un état, ils ont la particularité d'avoir des indices de personnes caractérisés par l'absence de préfixe au prétérit et toutes les personnes du pluriel ont le même indice "it"

Ex. Imlul (blanchir).

mellule**ɣ** *Je suis blanc (he)*	mellule**ḍ** *tu es blanc(he)*	mellul *il est blanc,*	mellule**t**, *elle est blanche*
nekni/nekkenti mellul**it** *nous sommes blanc(che)s*	kunwi/kunemti mellul**it** *vous êtes blanc(che)s*	nutni/nutenti mellul**it** *Ils /elles blanc(che)s*	

Les verbes d'état : imlul (blanchir), ivrik (noircir), izwiɣ (rougir), iwriɣ (jaunir), et tous les verbes de couleurs, ihriw (être large), uzur (être gros), aẓay (être lourd), irqiq (être maigre, mince), iɣzif (être long), imɣur (être grand), iẓid (être doux, sucré), irẓig (être amer), imsus (être fade), imriɣ (être saumâtre, trop salé), ismum (être aigre, acide), ismiḍ (être frais, froid), iqriḥ (être piquant), ...

Verbes d'état et adjectifs qualificatifs :

Verbe d'état	Adjectif qualificatif				
Imlul	amellal	iɣzif	aɣezfan	aẓay	aẓayan
ibrik	aberkan	ihriw	ahrawan	iẓid	aẓidan
ismum	asemmam	irqiq	areqqaq	irẓig	arẓagan
iwriɣ	awraɣ	imɣur	ameqqran	ismiḍ	asemmaḍ
izwiɣ	azeggaɣ	uzur	azuran	iqriḥ	aqerḥan
imsus	amessas	imriɣ	amerɣan	...	...

Une phrase verbale (avec un verbe d'état) peut se transformer en phrase nominale avec adjectif qualificatif.

Ex. Merriɣet lmerqa . = Lmerqa d tamerɣant. (La soupe est trop salée)
Werraɣ ujeğğig-a = D awra ɣ ujeğğig-a. (Cette fleur est jaune)
Semmeḍ udfel = Adfel d asemmaḍ. (La neige est froide)
Meqqrit warrac-a = D imeqqranen warrac-a. (Ces garçons sont grands)

Remarque : Quand le complément du sujet est placé après "d + nom", il se met en état d'annexion.
Ex. Ajeğğig-a d awraɣ = D awraɣ **u**jeğğig-a. Vous aurez certainement remarqué que le nom " ujeğğig" est en état d'annexion

Amawal

Iselsiyen- Les vêtements

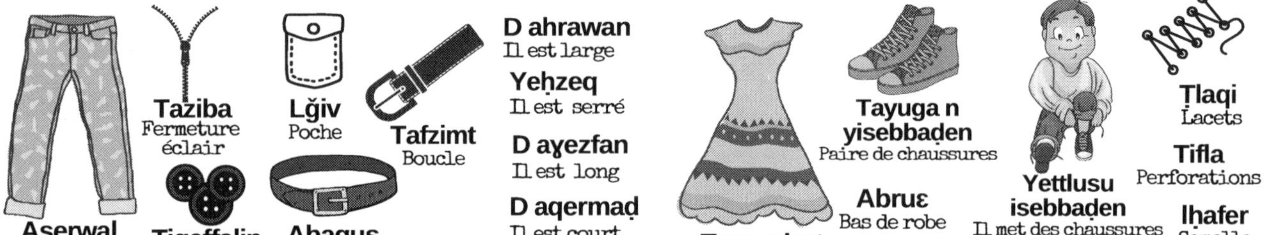

Aserwal
Pantalon

Taziba
Fermeture éclair

Tiqeffalin
Boutons

Lǧiv
Poche

Abagus
Ceinture

Tafzimt
Boucle

D ahrawan
Il est large

Yeḥzeq
Il est serré

D aɣezfan
Il est long

D aqermaḍ
Il est court

Taqendurt
Robe

Tayuga n yisebbaḍen
Paire de chaussures

Abruɛ
Bas de robe

Yettlusu isebbaḍen
Il met des chaussures

Ṭlaqi
Lacets

Tifla
Perforations

Iḥafer
Semelle

Acifuḍ
Sandale

Tacacit
Calotte

isebbaḍen s ugerz areqqaq
Talons aiguilles

Iqaciren
Chaussettes

Taqemjet
Chemise

Takravaḍt
Cravate

Yettcuddu ṭlaqi n yisebbaḍen-is
Il lace ses chassures

Iserfaqen
Tongs

Ssaɛa / Tamrilt
Montre

Ireqqasen
Aiguilles

Tisegnit
Aiguille

Timqestin
Ciseaux

Timerfadin
Soutien-gorge

Lemḍella
Chapeau en paille

Atriku
Tricot

Abalṭun
Manteau

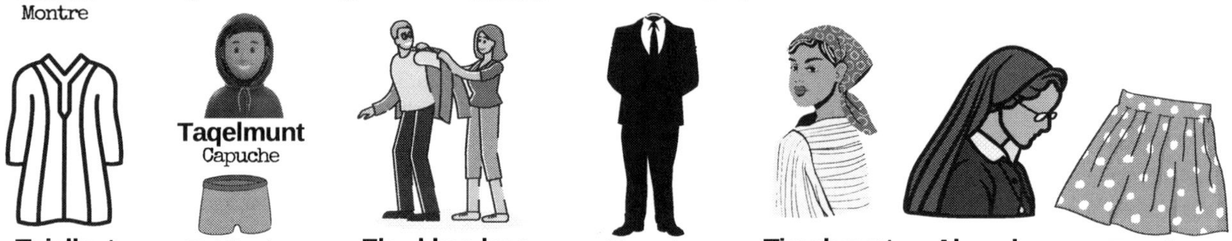

Tajellavt
Djellaba

Taqelmunt
Capuche

Takiluḍt
Culotte

Els - kkes lqec
S'habiller – se déshabiller

Akustim
Costume

Timeḥremt
Foulard

Aḥayek
Voile

Tasafa
Jupe

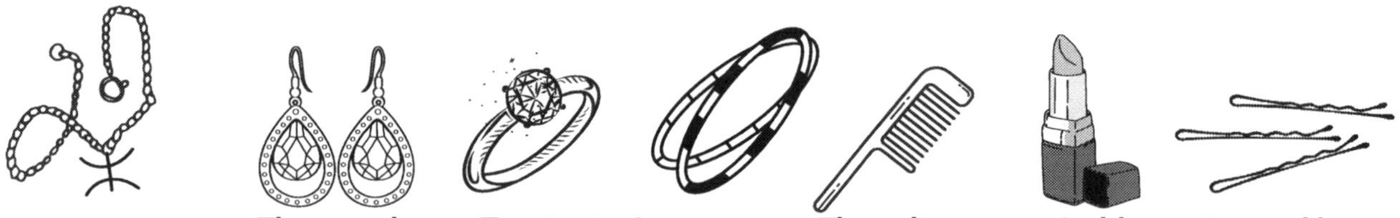

Taziba
Collier / Chaine

Timengucin
Boucles d'oreille

Taxatemt
Bague

Imeqyasen
Bracelets

Timceḍt
Peigne

Azriri
Maquillage

Imessakken
Epingles

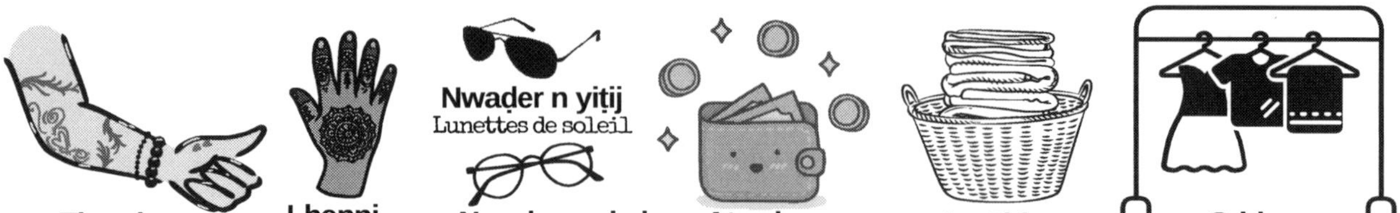

Ticraḍ
Tatouage

Lḥenni
Henné

Nwaḍer n yiṭij
Lunettes de soleil

Nwaḍer n yiẓri
Lunettes de vue

Aṭezdam
Porte-monnaie

Iceṭṭiden
Linge

Criḍa
Corde à linge

Ɛreḍ
Essayer

Yecbeḥ
Il est beau

Yecmet
Il est moche

Yezga-yi-d
C'est ma taille

Meqqer fell-i.
Il est trop grand.

Yerra fell-i.
Il me va bien.

Tesɛiḍ nnig wa?
As-tu une taille plus grande ?

Yeqqers
Il est déchiré

Yemsex
Il est sale

Sired-it
Lave-le

Tamacint n lexyaḍa
Machine à coudre

Tamacint n tarda
Machine à laver

LMED S WURAR !
Apprends en jouant !

1- Le jeu de "D acu-tt ? D acu-tt?". Qu'est-ce que c'est ? Je te demande ce que c'est et toi tu réponds. Voici un exemple :

D acu-t ?
D aydi ?
Qu'est-ce que c'est ?
C'est un chien ?

Ih, d aydi.
Oui, c'est un chien.

D acu-t ?
D amcic ?
Qu'est-ce que c'est ?
Est-ce un chat

Xaṭi, maččči d amcic, d ilef.
Non, ce n'est pas un chat, c'est un cochon

1 D acu-t ?
D axxam ?

2 D acu-tent ?
D tixxamin ?

"D acu-t ?" est une phrase interrogative nominale. "-t" est un pronom affixe complément d'objet. (voir la leçon sur les affixes du verbe).
Le pronom affixe s'accorde en personne, genre et nombre.
Ex.
D acu-**t** (s. m.) ? - D izimer. Qu'est-ce que c'est? C'est **un agneau**.
D acu-**tt** (s. f.) ? - D tixsi. Qu'est-ce que c'est ? C'est **une brebis**.
D acu-**ten** (p. m.) ? - D uccanen. Qu'est-ce que c'est? Ce sont **des chacals**.
D acu-**tent** (p. f.) ? - D tifunasin. Qu'est-ce que c'est ? C'est **des vaches**.

3 D acu-tt ?
D taqcict ?

4 D acu-t ?
D igenni ?

5 D acu-t ?
D itri ?

6 D acu-tt ?
D taɣenğawt ?

7 D acu-t ?
D aɣenğa ?

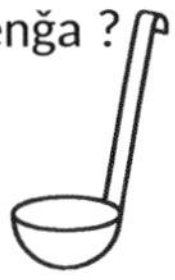

8 D acu-t ?
D igenni ?

9 D acu-tt ?
D tifelfelt ?

10 D acu-tt ?
D amrar ?

11 D acu-ten ?
D ifrax ?

12 D acu-t ?
D azrem ?

13 D acu-t ?
D azger ?

14 D acu-t ?
D ayaziḍ ?

15 D acu-ten ?
D iwtal ?

16 D acu-t ?
D taqerɛunt ?

2- Le jeu "Wi t-ilan ? Wi t-ilan ? D ayla-w !" (Il est à qui ? Il est à qui ? Il est à moi !).
Réponds dans ton cahier comme dans ces exemples :

Wi tt-ilan ?
A qui est-elle ?

Nutni

Réponse : D taddart-nnsen; d ayla-nsen; nsen !
C'est leur village; il est à eux; c'est le leur !

Wi ten-ilan ?
A qui sont-ils ??

Nekk

Réponse : D isebbaḍen-inu ; d ayla-inu; inu !
ou D isebbaḍen-iw ; d ayla-w; inu !
C'e sont mes chaussures ; elles sont à moi ; ce sont les miennes !

1- Wi ten-ilan ?

Nekk

2- Wi tt-ilan ?

Nettat

3- Wi t-ilan ?

Netta

4- Wi t-ilan ?

Kunemti

5- Wi t-ilan ?

Kunwi

6- Wi tt-ilan ?

Kečč

7- Wi tt-ilan ?

Nutni

8- Wi tt-ilan ?

Kemm

9- Wi tt-ilan ?

Netta

10- Wi t-ilan ?

Nekni

11- Wi tent-ilan ?

Nekkenti

12- Wi tt-ilan ?

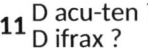

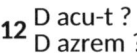

Nutenti

3- Décris en utilisant un verbe d'état puis un adjectif qualificatif. Réponse dans le cahier et à l'oral.

Exemple :
D acu-t ?
Berrik neɣ mellul ?

Réponse :
D adfel. Mellul; ur berrik ara
D amellal maččči d aberkan.

1- D acu-tt ?
Teḥma neɣ semmḍet ?

2- D acu-t ?
Zeggaɣ neɣ werraɣ ?

3- D acu-t ?
Mellul neɣ werraɣ ?

4- D acu-tent?
Werraɣit neɣ zeggaɣit ?

5- D acu-tt?
Ẓidet neɣ rẓaget ?

6- D acu-t ?
Merriɣ neɣ qerriḥ ?

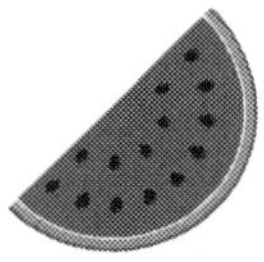

7- D acu-t ?
Semmum neɣ ẓid ?

8- D acu-tent?
Semmumit neɣ ẓidit ?

9- D acu-t ?
Ḥlaw neɣ qerriḥ ?

10- D acu-t ?
Zur neɣ rqiq ?

11- D acu-t ?
Zur neɣ rqiq ?

12- D acu-tt ?
Meqqret neɣ mecṭuḥt ?

Vocabulaire : Times = feu - Lqares = citron - Tamiṭuct = Tomate - Lemleḥ / tissent = Sel - Tifelfelt = Piment
Taẓrudiyat = carotte - Ddelleɛ = Pastèque - Tiẓurin = raisins Tizwal = Mûres - Tamdeɣt = Girafe

Č Ḍ Ǧ Ḥ Ɣ Ṛ Ṣ Ṭ Ẓ Ɛ č ḍ ǧ ḥ ɣ ṛ ṣ ṭ ẓ ɛ

4- D acu yelsa ? D acu telsa ? (Que porte-t-il ? Que porte-t-elle ?). Réponse dans le cahier.

1- Telsa ....
....

2- Telsa ....
....

3- Yelsa ....
....

4- Lsant ....
....

5 

6 

7 

8 

9 

10 

11 

5- Complète les dialogues avec les répliques de ton choix. Voici quelques phrases qui peuvent t'aider :

Ack-itt ! Dir-itt ! Tgerrez ! Teɛğeb-iyi. Ad ayi-d-tzeg ? Tesɛiḍ tiyaḍ? Ur yi-teɛğib ara. Ad tt-taɣeḍ ? Sarameɣ ad tili tzegzawt ! Acḥal i teswa ? Acḥal i tt-id-tuɣeḍ ?

1 Di tḥanut n yiselsiyen. (Au magasin de vêtements)

Tasenzayt: d acu ara tiniḍ deg tqendurt-a ?
Tamsaɣt: ....!
Tasenzayt: nesɛa tizeggaɣin d tčiniyin.
Tamsaɣt: ....
Tasenzayt: d tazegzawt i tebɣiḍ? Rğu ad ẓreɣ ma tella.
Tamsaɣt: ....
Tasenzayt: A-tt-a tzegzawt, teɛğeb-am ?
Tamsaɣt: ....
Tasenzayt: ....
Tamsaɣt: .... ?
Tasenzayt: 50 000. D ti i d tineggura dɣa nesreḥ-asent s ssuma-ya. Llant swant 100 000.
Tamsaɣt: .... ?
Tasenzayt: Ih, ad am-d-tzeg, kemm tettlusuḍ 38.
Tamsaɣt: .... ?
Tasenzayt: Terra fell-am nezzeh ! Ad tt-tawiḍ ?
Tamsaɣt: ....

Tasenzayt: Ferḥeɣ aṭas imi tufiḍ ayen i m-yehwan.
Tamsaɣt: ....
Tasenzayt: Ulac fell-as, a weltma.
Tamsaɣt: ....
Tasenzayt: ....
Tamsaɣt: Ar tikkelt-nniḍen !

2 Deg uxxam (A la maison)

Tilelli : Uɣeɣ-d taqendurt akihwa-tt !
Ferruğa : ....!
Tilelli : Yerna ur ɣlayet ara !
Ferruğa : ....?
Tilelli : Siwa 50 000 !
Ferruğa : Terxes ! ....?
Tilelli : Ih, ad ledin azekka. Yal ass leddin.
Ferruğa : ....?
Tilelli : Ih, ad dduɣ yid-m, a tameddakelt-iw.
Ferruğa : ....
Tilelli : Ulac fell-as.

6- Complète cette série numérique par des nombres écrits en lettres.

....	....	....
Sin	Tnac	Tnin u ɛecrin
....	....	....
....	....	....
....	....	....
....	....	....
....	....	....
....	....	....
....	....	....
Ɛecra	Ɛecrin	tlatin

7- Ecris sous chaque image la saison représentée et les mois de cette saison.

8- Tu fais la collecte de vêtements et toutes sortes de choses dont les sans-abris ont besoin. Pour avoir ces choses qui sont dans ce labyrinthe, tu dois les nommer en kabyle. Tu peux en prendre partout mais n'oublie pas de trouver la sortie pour les donner à ces personnes dans le besoin. Tu as le droit de faire des va-et-vient sur le même chemin.

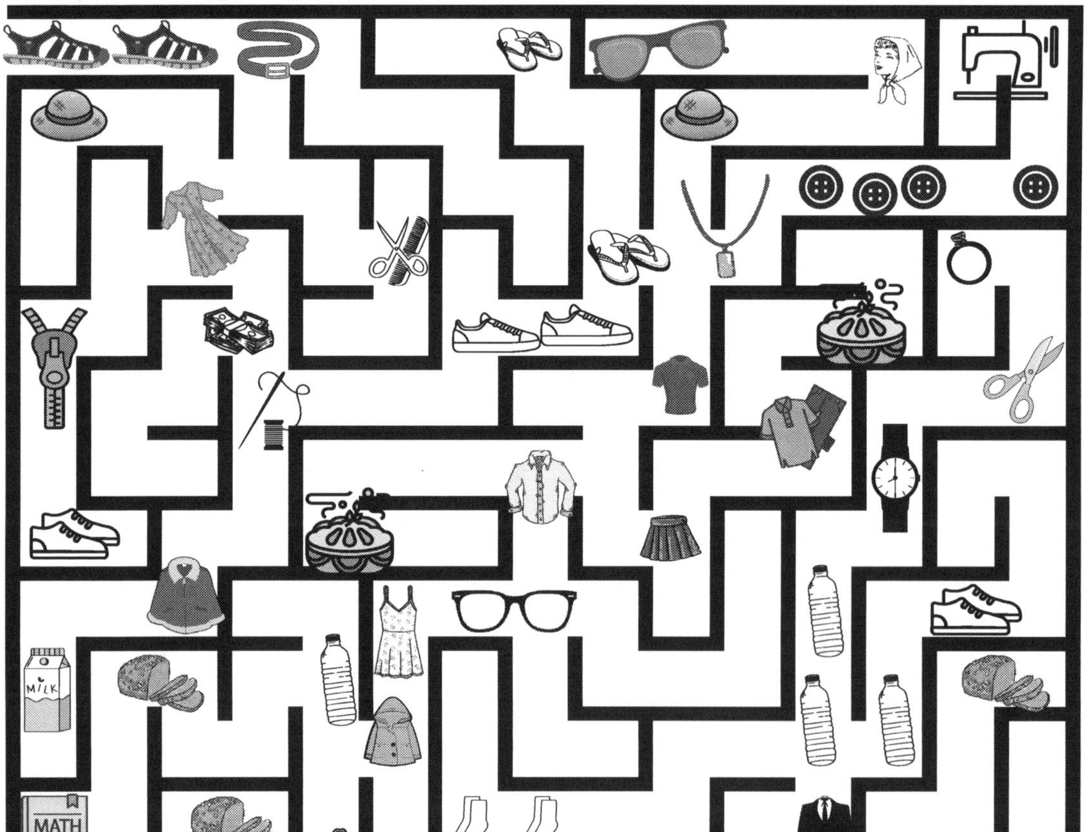

9- C'est Halloween et ta fille vient t'embêter en touchant aux aiguilles du réveil matin pour que tu n'ailles pas travailler et rester jouer avec elle. Elle te demande de lire l'heure à chaque fois. Dis-nous alors quelle heure il est !

1- ____________________

2- ____________________

3- ____________________

4- ____________________

5- ____________________

6- ____________________

7- ____________________

8- ____________________

9- ____________________

10- ____________________

11____________________

12____________________

13____________________

14____________________

10- Remplace les groupes nominaux soulignés par un pronom personnel affixe du nom ou de la préposition.

- Ad ččeɣ imensi deg uxxam n gma. ____________________
- Ad ččeɣ imensi deg uxxam n gma. ____________________
- Tuɣam-t-id deg tḥanut n warraw n Ḥmed. ____________________
- Izem d agellid n teẓgi. ____________________
- Yeɛya si rregmat n yimawlan-is. ____________________
- Yečča akk leḥlawat n wayetma-s. ____________________
- Aydi n yessetma yuɛer. ____________________

- Aṭas ay-a ur terzi ɣur imawalan-is. ______________________
- Fares seg yimawlan-ik skud ddren. ______________________
- Teqqim gar baba-s d yaya-s. ______________________
- Yesseqsa-yi-d ɣef yimeddukal-iw. ______________________
- Yedda d yimeddukal-is. ______________________
- Amcic igen nnig ubrid. ______________________
- Aydi yeffer ddaw wussu. ______________________

11- Chantons ! "Ameddakel" (L'ami)

Ferḥat Mehenni - Imaziɣen Imula

Ɣur-i yiwen umeddakel
Am netta ur ufiɣ ara (2)
Deg yiberdan mara nleḥḥu
Ɣer tama-w i d-iteddu
Ur yeṭṭixir ara (2)

Deg yiḍ mara d-neffeɣ akken
Nettɣumu s yiwen ubernus (2)
Mi ɣ-id-walan yiɛdawen
Qqaren-as wihid d atmaten
Am yiduḍan n ufus (2)

Yiwwas i yekker umennuɣ
Nuzzel d imezwura (2)
Ainsi ɣ-d-kkan yiɛdawen
Nqubel-iten am yizmawen
Ur nettwexxir ara (2)

Truḥ-d tersast s wafug
Ur ẓriɣ ɣur-i ɣur-s (2)
Tḥuza-t-id deg yidmaren
Walaɣ-t yeɣli ɣef yibladen
Tasa-w tebḍa fell-as (2)

Yeẓẓel-d afus-is ɣur-i
I la tettmuquleɣ (2)
Qqim, a gma, ma d nekk ḥareɣ
Ass-a ɣef tmurt a'k-ğğeɣ
Ttar-ik ard t-id-rreɣ (2)

Ɣur-i yiwen umeddakel
Am netta ur ttafeɣ ara (2)
Deg yiberdan asmi nleḥḥu
Ɣer tama-w i d-iteddu
Ur t-tettuɣ ara (2)

Ferhat, le maquisard de la chanson

Ferhat Mehenni (ou Ferhat Imazighen Imula) est un musicien, chanteur et auteur-compositeur engagé. Il est aussi et surtout un écrivain, homme politique de renom, diplômé universitaire en sciences politiques et militant de longue date de la cause amazighe et kabyle. Son combat lui a valu d'être emprisonné maintes fois. Il a même perdu son fils, Ameziane, qui a été assassiné dans la nuit du 18 au 19 juin 2004. Pour lui, cet assassinat a un rapport direct avec ses activités politiques.
Ferhat est l'un des chefs de file de cette génération d'artistes engagés que le grand écrivain Kateb Yacine a surnommée « les maquisards de la chanson ». Il est connu pour son courage, ses prises de position fermes contre l'islamisme, l'arabisation forcée des peuples amazighs, la démocratie et les droits de l'homme.
C'est en 1972 qu'il a rencontré celui qui deviendra son ami et compagnon de lutte, Saïd Saadi. Ensemble, ils ont créé une revue dans laquelle ils formulent clairement les revendications culturelles et linguistiques kabyles et amazighes.
Les deux seront parmi les artisans du Printemps berbère d'avril 1980. En 1985, il a été l'un des membres fondateurs de la première ligue de défense des droits de l'homme en Algérie, avec Maître Abdennour Ali- Yahia, Maître Mokrane Aït Larbi, Dr Saïd Sadi, Arezki Aït-Larbi, etc. Tous seront condamnés à de lourdes peines de prison pour « atteinte à la sûreté de l'Etat ». Ferhat a été jugé le 20 décembre 1985 et condamné à trois ans de prison ferme.
En 1989, il a créé avec ses camarades, Mustapha Bacha, Mokrane Ait-Larbi et Saïd Sadi, un parti politique : le Rassemblement pour la Culture et la démocratie (RCD). En 1994, il a été l'un des principaux acteurs du boycott scolaire déclenché par le MCB-Coordination nationale en Kabylie. Cette action qui a mobilisé toute la Kabylie a abouti à l'introduction de la langue berbère à l'école en Kabylie et dans de très rares écoles des autres régions d'Algérie.
En avril 2001, la Kabylie s'embrase suite à l'assassinat du jeune, Guermah Massinissa, par un gendarme dans l'enceinte d'une brigade de gendarmerie. Les Kabyles qui se battent pour les droits de tous les Algériens et se font massacrer par les sbires du pouvoir dans l'indifférence totale des autres régions du pays. Suite à cela, Ferhat et d'autres militants lancent le Mouvement pour l'autonomie de Kabyle qui deviendra plus tard le Mouvement pour l'autodétermination de la Kabylie. Dans la foulée, un Gouvernement provisoire kabyle dont il est le président depuis le 1er juin 2010, est créé.
En 2022, il est condamné par contumace à la réclusion à perpétuité par un tribunal d'Alger. Ferhat vit actuellement en exil où il continue de mener son combat pour convaincre les Etats et les organisations internationales de soutenir son projet politique. Le 24 juillet 2013, M. Mehenni reçoit le Prix Gusi de la Paix. Le 02 juillet 2023, le CIDEP et le CERAN lui remet le prix Indépendantium à l'Université du Québec à Montréal.

Orthographe

La prononciation des consonnes emphatiques « ḍ », « ṭ », « ṣ » et « ẓ », à l'exception de "ḍ", existe en français. La consonne ṭ se lit comme les "tt" dans attaquer, ṣ comme le premier "s" de "satisfait", ẓ a la même prononciation que "z" de "zodiaque".

On ajoute un point sous ces lettres pour indiquer qu'elles correspondent à des sons emphatiques. Rappel : le « ḥ » n'est pas une consonne emphatique, le point sous cette lettre sert à la distinguer de « h » (deux lettres que nous avons vues dans la leçon précédente).

ḍ	aḍar, aqiḍun, nwaḍer, iḍ d wass, aḍu, taḍebsit, aḍebsi, aḍad, iḍelli.	*pied, tente, lunettes, nuit et jour, vent, assiette, grande assiette, doigt, hier.*
ṭ	afertetṭu, tanuṭ, aqenṭar, ṭṭef, lfeṭṭa, iṭij, yenṭed.	*papillon, belle-sœur, quintal, tenir (attraper), argent (bijou en argent), soleil, il est collé.*
ṣ	aṣeggad, ṣubb, ṣṣur, ṣrima, aṣurdi	*chasseur, descendre, mur, bride, argent*
ẓ	aẓar, tiẓurin, ẓrudiya, ileẓwi, aɛeẓẓug, aẓidan, tiẓgi, aẓemzum.	*Racine, raisins, carotte, fil de fer, sourd, sucré, forêt, brindille.*

Phonétique

Entrainement

1- Répète les mots suivants puis vérifie ta prononciation.
Entoure les mots (les graphèmes) qui te sont difficiles à lire.
Entoure les sons spirants et souligne les sons occlusifs

Aḍebbal, yeḍfer-iyi-d, alqaḍ.
Tambourin, il m'a suivi(e), récolte.
aẓidan, aẓerzur, ẓẓu, tiẓurin
Sucré (doux), étourneau, planter, raisins
ṭṭaq, tameṭṭut, ṭṭbib, ṭṭef, ṭikuk
fenêtre, femme, médecin, saisir, coucou (oiseau).
ṣṣyada, aṣeggad, ṣubb, ṣṣiɛqa, taṣewwart, ṣewwer.
chasse, chasseur, descendre, foudre, appareil photographique, photographier.

Discrémination

2- Sépare les syllabes à l'aide d'un slash (/) dans les phrases ci-dessus .

3- Après une première écoute de ces phrases, relis-les en respectant les intonations (interrogative, exclamatives et déclaratives.)

-Aẓemzum s aẓemzum, afrux ad yeg lɛecc-is.	*-Petit à petit, l'oiseau fait son nid.*
-Neffeɣ deg yiḍ, nruḥ ɣer sbiṭar, nufa aṭas n yimuḍan.	*-Nous sommes sortis la nuit, allés à l'hôpital, nous avons trouvé beaucoup de malades.*
-Wi yebɣan ad tṣeggem iṣeggem iman-is.	*-Qui veut que les choses aillent mieux, commence par s'améliorer soi-même.*
-Iɣaḍ-iyi, yegzem tasa-w !	*-Il m'a fait pitié, il m'a fendu le cœur ! (m-à-m: il a coupé mon foie).*
-Yekfa taqsiḍt, icerreg tawerqet.	*-Il a achevé son histoire, il a déchiré la feuille.*
-Ma yelluẓ yizem, yečča-k !	*-Si le lion a faim, il te dévorera.*
-Deg taddart-nnwen, tesɛam yiwen weɣdi d ugudi d weɣyul yettergigi !	*-Dans votre village, vous avez un chien, un dépôt d'ordures et un âne qui tremble !*

Discrémination

4- Sépare les syllabes à l'aide d'un slash (/) dans les phrases ci-dessus.

Interprétation

1- Lis les mots à voix haute. Le sens importe peu.

2- Ecoute l'enregistrement. Compare.

3- Comment sont prononcées les consonnes situées à proximité des consonnes emphatiques. Que remarques-tu?

Aḍu
Iḍan
Uḍan
Iḍan ḍurren wid iteddun ɣef uḍar deg yiḍ.

Ẓẓerzur iqucc azemmur, uccen yegla s tẓurin. Zzin-aɣ-d ẓẓrubat ur nẓer ur nettwali tizi. Meẓẓi meqqer deg uqerru.

Ṣṣifa
Ṣefren-asen subben-d s tazzla. Tirṣasin ntant deg-s tbeddel ṣṣura-s. Aṣeggad n tsekrin, ul-is ur ḥnin.

Ṭbib di sbiṭar yettu tarwa d tmeṭṭut-is. Yettali yeṭṭar, akken ad d-yerr ttar

UNITÉ 5 Communiquer par téléphone

Ger tamawt *Ecoute l'audio de cette B.D. et répète les répliques*

1 Allu ! Azul ! D Frawsen?
2 Azul ! Xaṭi d gma-s. Anta-kem?
3 Nekk d Massilda. Tzemreḍ ad ayi-t-id-tesɛeddiḍ?
4 Ulac-it, a-t-an deg uxeddim. Ad am-d-fkeɣ numru-ines (uṭṭun-ines), siwel-as.
5 Rğu ad d-refdeɣ imru.
6 Aru : 07 72 33 23 .....
7 Tanemmirt, a gma
8 Ulac fell-as, a weltma
9 Ma ulac aɣilif, bɣiɣ ad mmeslayeɣ d Frawsen
10 Ad rreɣ asiwel-im ɣur-s.
11 Azul a Massilda. Amek tettiliḍ?
12 Gerrzeɣ. Sarameɣ ula d kečč ur k-yuɣ wara.
13 Ddaqes-iw. Tanemmirt
14 Ini-yi-d, ad testifeḍ azekka? Bɣiɣ ad k-id-ɛerḍeɣ ad teččeḍ imekli ɣur-i.
15 Azekka deg wass, ur stafayeɣ ara meɛna ma yehwa-yam ad nečč imensi lwaḥid.
16 Tessneḍ anda zedɣeɣ, yak?
17 Ih sɛiɣ tansa-m.
18 Ar azekka ihi !
19 Ar azekka !

Nadi *D'après cette BD, comment on dit en kabyle :*

1- C'est Frawsen ?
2- Non, c'est son frère. Qui es-tu ?
3- Moi, c'est Massilda. Peux-tu me le passer?
4- Il n'est pas là, il est au travail, je te donne son numéro, tu l'appelles.
5- Ecris. Attends, je vais prendre un stylo.
6- S'il te plaît, je voudrais parler à Frawsen.
7- Je vais. J'espère que toi aussi tu vas bien.
8- Je vais pas mal.
9- Dis-moi, tu seras libre demain ? Je voudrais t'inviter à déjeuner chez moi.
10- Demain, dans la journée, je ne serai pas libre mais si tu veux, on dînera ensemble.
11- Tu sais où j'habite, n'est-ce pas?
12- Oui, j'ai ton adresse.

Mmeslay

Communiquer par téléphone

① Pour parler à quelqu'un

- **Allu, bɣiɣ ad mmeslayeɣ i Dihya, ttxil.** — Allô, je voudrais parler à Dihya, s'il te plaît
- **Allu, tzemreḍ ad ayi-d-tesɛeddiḍ Guraya, di leɛnaya-m ?** — Pourrais-tu me passer Guraya, s'il te plaît?
- **Allu, d axxam n Meqqran?** — Allô, c'est la maison de Mokrane?
- **Allu, yella Meẓyan ?** — Allô, Meziane est là? (familier)

② La personne est là

- **Rğu, ad as-ɣreɣ ad d-yas.** — Patiente, je vais l'appeler pour qu'il vienne.
- **A-t-an da, ad ak-t-in-sɛeddiɣ.** — Il est là, je te le passe.
- **Yesɛa cɣel, rğu, akka cwiya ad ak-d-yerr.** — Il est occupé, patiente, dans un instant, il te répondra.

③ La personne n'est pas là

- **Ulac-it** (si c'est un homme) **/ ulac-itt** (si c'est une femme) — Il n'est pas là / Elle n'est pas là.
- **Tebɣiḍ ad as-d-teğğeḍ amiṣaj (izen) ?** — Tu veux lui laisser un message?
- **Tzemreḍ ad as-d-tɛiwdeḍ m'ara d-yekcem.** — Tu peux le rappeler quand il rentrera.
- **Yesɛa numru-inem** (à une femme) **numru-inek (à un homme) ?** — Il a ton numéro?

Le vouvoiement n'existe pas en kabyle. Le "vous" désigne uniquement la deuxième personne du pluriel. **Formule de politesse à retenir** : ttxil, di leɛnaya-k (à un garçon), di leɛnaya-m (à une fille)

Tilifun yeṣṣuni
Le téléphone a sonné

Yerfed tilifun
Il a décroché le téléphone

Yegguma ad yerfed tilifun
Il a refusé de décrocher le téléphone

Yessers tilifun
Il a raccroché le téléphone

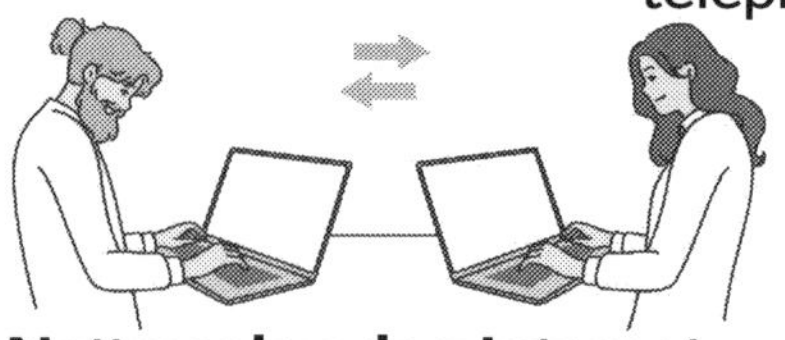

Nettmeslay deg Internet
Nous discutons sur Internet

Yura / yuzen email
Il a écrit / envoyé un email

Yeṭṭef-d e-mail
Il a reçu un email.

Err
Répondre

Azen / ceyyeɛ
Envoyer

Aru / ktev
Ecrire

Sexsi tilifun
éteindre le téléphone

Siɣ / cɛel tilifun
Allumer le téphone

Tilifun n uxxam
Téléphone fixe

Tilifun n refda
Téléphone portable

Tabrat
Lettre

In'as ulac-iyi !!!
Tenna-yak : ulac-iyi ; Ɛiwed-iyi-d asm'ara iliɣ!

Inviter

① Inviterquelqu'un

- **Ad teddudд yid-i ɣer sinima ?**
- **Ɛerḍeɣ-k ad tečč̣eḍ imensi ɣur-i.**
- **Ad testifeḍ tameddit-a ?**
- **Ad nruḥ ad nurar ddabex ?**
- **Tinnubga : tettwaɛerḍem ɣer tmeɣra-nneɣ/amuli-inu di tzeqqa n tmeɣra "Tumert" deg At-Dwala, Arim 15 yulyu 2030.**

- Tu viens avec moi au cinéma ?
- Tu es invité à diner chez moi.
- Tu es libre cet après-midi ?
- On va jouer au ballon ?
- Invitation : vous êtes invités à notre mariage/mon anniversaire à la salle des fêtes "Tumert" à At-Dwala.

② Accepter l'invitation IH NEƔ XAṬI ?

- **S lfreḥ ameqqran / S tumert tameqqrant.**
- **Ih, tanemmirt.**
- **Ayɣer xaṭi ? D ayen yelhan.**

- Avec joie (avec plaisir).
- Oui, merci.
- Pourquoi pas? C'est une bonne chose.

③ Refuser l'invitation

- **Tanemmirt meɛna ur stafeɣ ara.**
- **Ur zmireɣ ara, sɛiɣ cɣel.**
- **Suref-iyi meɛna ur zmireɣ ara ad kkiɣ deg temlilit-a.**

- Merci mais je ne suis pas libre.
- Je ne peux pas, je suis occupé(e).
- Désolé (excuse-moi) mais je ne peux pas participer à cette rencontre (réunion, meeting)

Obligation

- **Ilaq / yessefk / tewwi-d ad nqader imawlan-nneɣ.**
- **Ilaq ad nxelleṣ akken ad nekcem?**

- Il faut/on doit respecter nos parents.
- On doit payer pour entrer?

Permission

- **Nezmer ad nurar deg uxxam ?**
- **Zemreɣ ad gneɣ ma fukkeɣ taɣuri n udlis-a.**

- On peut jouer à la maison ?
- Je pourrai dormir si je termine la lecture de ce livre.

Interdiction

- **Ur ilaq ara ad treggmeḍ medden.**
- **Ur nezmir ara ad neffeɣ arma tfukk temlilit.**

- Il ne faut pas insulter les gens.
- On ne peut sortir jusqu'à ce que la réunion se termine.

Saluer / prendre congé

- **Azul**
- **Ar timlilit / ar tufat / qqim di talwit**

- Salut
- Au revoir

Idles

Le mariage en Kabylie

Les fêtes de mariage ont, généralement, lieu en été. La fête se dit en kabyle *tameɣra*, au pluriel *timeɣriwin*. Elles sont animées par des tambourinaires (*iḍebbalen*) et/ou par des femmes (*urar n lxalat* : m.à.m. « Le jeu des femmes »).

Lors des *urar n lxalat*, les femmes chantent et jouent du *avendir*, un grand tambour fait d'une peau montée sur un cerclage en bois, les invités dansent. Cela se passe généralement dans la cour intérieure de la maison (*afrag*) des parents du marié (*isli*) ou en plein air.

Une troupe de tambourinaires est constituée, dans la région des Ait-Abbes (*Iḍebbalen n At-Ɛebbas*), de deux "trompettistes" (*iɣeggaḍen kkaten lɣiḍa* : trompettistes jouent de la "trompette"), d'un tambourinaire (*aḍebbal yekkat ṭbel* : le tambourinaire joue du tambour) et un joueur de *avendir*. Il existe un autre type de flûte : *lɣiḍa n teylut*.

Ces musiciens interprètent plusieurs styles musicaux, tels que *zendani, heddi, tagmarin, rwaḥ d tuɣalin, berwali*, etc. A chaque style, un type de danse !

Avant la fête, les parents du futur marié se présentent chez la famille de la potentielle future épouse pour demander sa main (cela s'appelle *axḍab*, du verbe *xḍeb*, demander la main d'une femme). Si la réponse est oui, le prétendant offre une bague en or (*taxatemt n wureɣ*) à sa future campagne pour officialiser cet accord. Une cérémonie, appelée *Taḥvult*, est alors organisée chez le futur marié. À la suite de cela, quelques temps plus tard, viennent les fiançailles (*tiseggirt*). Le matin de la fête, les femmes roulent le couscous (*fettlent seksu*) et préparent à manger aux convives (*ad seččen inebgawen*). L'après-midi, on va chercher la mariée (*tislit*) chez ses parents. Une soirée festive animée par *iḍebbalen* ou des chanteurs (*icennayen)* est prévue à cette occasion. Les noces (*abagus*) ont lieu le lendemain. La fête se termine !

Tislit n Wanẓar

Tislit n Wanẓar fait référence au mythe d'Anzar, *Agellid n ugeffur* (Roi ou Dieu de la pluie). Ce dernier voulait prendre pour épouse une jeune femme d'une merveilleuse beauté. Elle avait coutume de se baigner nue dans un lac aux reflets d'argent et toutes les fois que le Roi de la pluie descendit sur terre pour lui déclarer sa flamme, elle prenait peur et s'enfuyait.

Contrarié, Anẓar tourna sa bague : l'eau tarit dans les rivières et la sécheresse se répand dans tout le pays. La jeune femme accepta de l'épouser et la pluie revint de plus belle. Elle prit alors désormais le nom de la Mariée ou de la Fiancée d'Anzar.

Il existe, par ailleurs, un rite éponyme pratiqué encore de nos jours en Kabylie et chez d'autres peuples berbères, intervenant à la suite d'une sécheresse et ayant pour but d'implorer cette divinité afin de provoquer la pluie. Lors de cette cérémonie, on chante en chœur : *Anẓar, Anẓar, a Rebbi, ssew-itt ar aẓar* (O Anzar ! O Dieu de la pluie ! arrose-la jusqu'à la racine !).

Tajerrumt

Les thèmes du verbe

Rappel : Le radical du verbe, c'est ce qui reste après avoir supprimé les indices de personnes de la forme verbale conjuguée.

Ex. Le verbe argu (rêver) : **urga**ɣ (j'ai rêvé), t**urga**ḍ, y**urga**, t**urga**, n**urga**, t**urga**m, t**urga**mt, **urga**n, **urga**nt

t urga ḍ
Forme verbale = radical + indices de personnes

"urga" est le radical du verbe *argu* au prétérit. (voir Unité 1 : les indices de personnes)

Il existe 4 types de radicaux verbaux (aoriste, aoriste intensif, prétérit, prétérit négatif) qu'on appelle aussi "thèmes" et qui constituent la base de la conjugaison.

Ex. Forme simple du verbe	**Aoriste**	**Aoriste intensif**	**Prétérit**	**Prétérit négatif**
Argu (rêver)	argu	**tt**argu	urga	(ur) urga (ara)
Nadi (chercher)	nadi	**tt**nadi	nuda	(ur) nuda (ara)
Krez (labourer)	krez	ke**rr**ez	krez	(ur) kriz (ara)

Le radical de l'aoriste est la forme simple du verbe.
Pour conjuguer un verbe, il est important de connaître la structure de sa forme simple
Ex. Il existe plus de 400 verbes dont la structure est **C1C2eC3** comme *krez*, *rfed* (porter), *fren* (trier, choisir, voter), etc. Ces verbes constituent un groupe et se conjuguent de la même manière. (voir annexe: tableaux de conjugaison).

(*) C: consonne, **V**: voyelle, **E**, c'est la lettre "e"; **C1**: 1ère consonne, **C2 :** 2ème consonne, etc.)

Certains verbes ont le même radical au prétérit, prétérit négatif et/aoriste, comme argu.

Pourquoi ces 4 radicaux ou thèmes sont-ils la base de la conjugaison?

Pour conjuguer, par exemple, un verbe au futur, on a besoin de l'aoriste précédé de la particule préverbale "ad". Ex. Ad nadiɣ = ad + nadiɣ (aoriste) = futur : je chercherai.

- **L'aoriste** sert à former l'impératif, le futur, etc.
  Ex. **Impératif** : nadit (Cherchez !); **futur** : ad nadin (ils chercheront)
- L'**oriste intensif** indique que l'action verbale est répétitive, habituelle (duratif) ou actuelle. Il peut donc être l'équivalent, en français, de l'imparfait (si l'action se déroule dans le passé) et du présent (si l'action se déroule au moment où on parle). S'il est précédé du préverbe "ad", il exprime le futur progressif.
  Ex. **Imparfait** : Asmi lliɣ d amecṭuḥ, **tturareɣ** s tɛelğet. *Quand j'était petit, je **jouais** à la poupée.*
  Présent : Tura, **tturareɣ** ddavex. *Maintenant, je **joue** au ballon.*
  Futur progressif : Qavel ad **tturareɣ** yal ass deg lakul. *L'année prochaine, je **jouerai** tous les jours à l'école.*
- **Le préterit** indique généralement un procès (action ou état) achevé dans le passé.
  Ex. Iḍelli, nudaɣ fell-ak meɛna ur k-ufiɣ ara. *Hier, je t'ai cherché mais je ne t'ai pas trouvé.*
- **Le prétérit négatif** est tout simplement la forme négative du prétérit. Parfois les formes verbales du prétérit et du prétérit négatif sont identiques.

En règle générale, c'est le contexte, les particules préverbales et/ou les indicateurs de temps qui détermine le temps de l'action verbale.

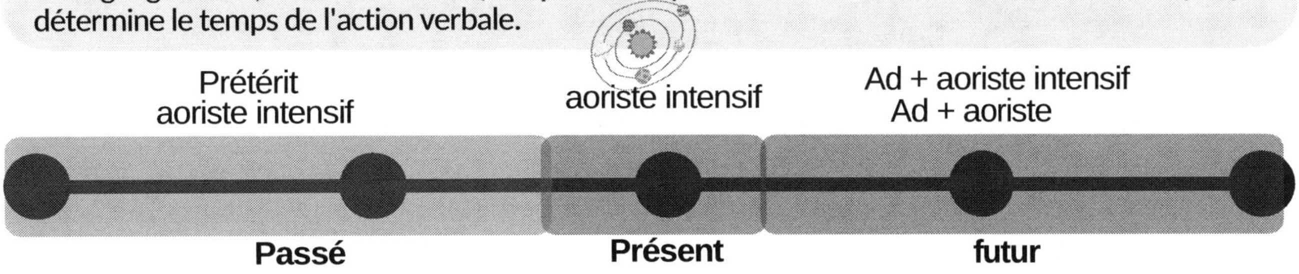

Tisulɣa (zwağ) / Mariage

Aεqad di tɣiwant
Signature de l'acte de mariage à la Mairie
Tinnuvga
Invitation
Tayri
Amour
Axḍab
Demande en mariage
Inigi - Inagan
Témoin-Témoins
Akadu /Asefk
Cadeau
Tislit - Isli
Fiancée - Fiancé
Taxatemt
Bague
Tasenduqt n cakula
Boîte de chocolat
Iḍebbalen
Tambourinaires
Angul n tisulya
Wedding cake
Inevgawen
Invités
Tamuqqint n yijeğğigen
Bouquet de fleurs
Avendir
Bendir
Tajewwaqt
Flûte
Aceqqer
Applaudissements
Lɣiḍa
Trompette
Ttvel
Tambour
Icennayen
Chanteurs
Amundul
Mandole
Abanğu
Banjo
Agambar
Guitare
Derbuka
Darbouka
Taṣewwart
Appareil photo
Iqeffafen
Cortège
Acebbeḥ n tkerrust n teslit
Décoration de la voiture de la mariée
Aṣewwar
Photographe
Ttṣawer
Tiwlafin
Photos
Yu yu yu yu yu
Lfal
Bon présage
Cetthen
Ils dansent
Ticuftin
Ballons de baudruche
Tiɣratin
Aslilew
Les youyous
Taqendurt n teslit
Robe de la mariée
Tivrat / Verru
Divorce
Tasusat
Tétine
Tinnufrit
Tarawt
Accouchement
Ltufan igen di dduḥ
Le bébé dort dans le berceau
Abibrun
Biberon
Tuttla
Emmaillotement
S tadist
Enceinte
Tabessast
Couche bébé
Tessuttud ltufan
Elle tète le bébé
Yessedhay mmi-s / yelli-s
Il amuse son fils / sa fille

LMED S WURAR !

Apprends en jouant !

1- Ecris sous chaque image le verbe qui convient.

1- Tajewwaqt **2-** Tameṭṭut s tadist **3-** Inebgawen **4-** Iqeffafen **5**- Tixutam (pluriel de taxatemt) **6-** Tiɣratin **7-**Tabrat **8-** Aceqqer **9-** Takerrust **10-**Ticuftin **11-** Taqendurt n teslit **12-**Tteṣwira **13-**Tceṭṭeḥ **14-**Taṣewwart **15-**Tayri **16-**Iḍebbalen **17-**Isli d teslit **18-**Tamuqqint n yijeğğigen **19-**Taxzant **20-**Axḍab.

2- Ecris sous chaque image le verbe qui convient.

1-Sqef **2-**Tanarit **3-**Ddruğ **4-**Imcac **5-**Tamkarḍit **6-** ṭṭabla **7-**Iḍan (pluriel de aydi) **8-**Tasnuceft/dduc **9-**Taxxamt n yiḍes **10-**Taxxamt n wučči **11-**Tawwurt **12-**Tanwalt

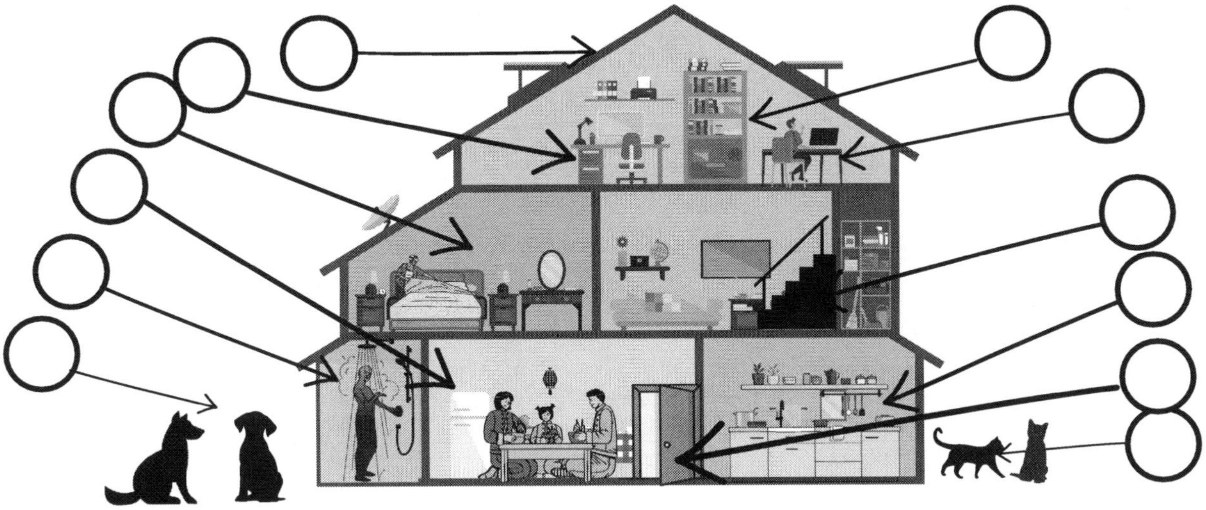

3- Ces enfants ont perdu leur ballon qui se trouve sur le toit de cet immeuble. Tu es de passage et ils te supplient de monter le leur chercher. Sauf que pour utiliser l'échelle, il faut passer 3 épreuves. Il y a 3 niveaux (un niveau par étage qu'il faut passer pour parvenir jusqu'au ballon.

① Dialogue 1 : Présente-toi sur ton cahier. Ini-d (dis) :
- Amek i k-qqaren ay aqcic ? (Amek i m-qqaren a taqcict ?)
- Acḥal deg leɛmer-ik ? (Acḥal deg leɛmer-im ?)
- Anda tzedɣeḍ ?

Ma tewwiḍ-d itri amezwaru, ɛemmer amsineg-inek (amsineg-inem) (Si tu as décroché la première étoile, remplis ton passeport).
-Dans ton cahier, complète ta présentation en ajoutant les pays/villes que tu as visités. Commence ta phrase par :
"*Rziɣ ɣer ....*" (J'ai visité...)

Ttxil, ali, awi-yaɣ-d ddavex-nney !

A-t-an dihin ɣef sqef !

② Dialogue Dans ton cahier, réponds à ces questions concernant l'illustration ci-dessus:
- Anda yella ddabex n warrac?
- Anda llan warrac ?
- D acu i nnan warrac i urgaz ?
- D acu ara yexdem urgaz akken ad d-yawi ddabex ?
  - Ad yali ☐
  - Ad yader ☐
- Isem-is wayeɣ ɣef wacu ara yali?
  - Ddruɣ ☐
  - Sellum ☐

Ma tefkiḍ-d tiririyin yelhan ɣef yiseqsiyen-a, tewwid sin (2) yitran !
Yeqqim-ak-d yiwen (1) yitri ad tawḍeḍ ɣer ddavex !!!

INDONESIA 20-07-2022
DEPARTURE JAKARTA
CANADA VANCOUVER
0123 ABCD
AMSTERDAM ★ NETHERLANDS ★ 20-07-2022
AUSTRALIA DEPARTED SYDNEY 20 JUL 2022
ITALIA ROME 0123 ABCD
GREECE 27-MAY-2017
ARRIVAL TOKYO
VGAYET YUWED-D
DEPARTURE 0123 GLASGOW
ARRIVAL PARIS 20-07-2022 0123

Tagdud tafransit   Uṭṭun: 1506103419KB
Isem :
Ass n tlalit :
Adeg n tlalit:
Tansa :
Tawuri :
Teɣzi :
20/04/2060
République française   Ad ineffer 12/01/2080

Dialogue 3 : Complète cette conversation téléphonique:
- Allu, yella Frawsen ?
- ....
- .... ?
- Yeffeɣ, ad d-yuɣal tameddit.
- ....
- 06 19 80 20 01
- Ad teddud ad nurar "Roblox" ?
- ....
- Ar azekka !
- ....

Ulac fell-as

Bravo !!!
Ayyuz !!!
Tanemmirt a mass !!

4- Selon le modèle ci-dessous, écris dans ton cahier une phrase pour chaque image pour dire ce qui est autorisé et ce qui ne l'est pas, selon toi. Dans la phrase à transformer, le verbe est conjugué à l'impératif simple.

Règle d'accord : Quand la phrase commence par "ilaq" ou "ur ilaq ara" le verbe se conjugue au futur (ad + aoriste). Cette règle s'applique généralement quand deux verbes se suivent et non séparés par un signe de ponctuation, le deuxième se met au futur (ad + aoriste).

Modèle: Uraret d wid ur tessinem ara. → Ur ilaq ara **ad turarem** d wid ur tessinem ara.
Jouez avec ceux que vous connaissez pas. Il ne faut pas jouer avec ceux que vous connaissez pas.

Ou : Uraret d wid ur tessinem ara. → Ilaq **ad turarem** d wid ur tessinem ara.
Joue avec ceux que tu connais pas. Il faut jouer avec ceux que vous connaissez pas.

Ilaq neɣ ur ilaq ara ?

Wet imeddukal-ik.
Frappe tes amis

Skiddibet ɣef medden.
Mentez aux gens.

Ḍegger rsaḍ ɣef lqaɛa.
Jette tes déchets par terre.

Ɛekkimt ɣef wiyaḍ.
Moquez-vous des autres.

Ɛiwen imɣaren ur nezmir ad ddun..
Aide les vieux qui ne peuvent pas marcher

Qqar "tanemmirt" i win ara m-d-ifken kra.
Dis "merci" à celui qui te donne quelque chose.

Ɣɣaret idlisen akken ad tlemden.
Lisez des livres pour apprendre.

Zmumug akken ad k-ḥemmlen medden.
Souris pour que les gens t'aiment.

Ttqadar imawlan-im.
Respecte tes parents.

Tett aṭas n ṣker akken ad tesɛuḍ.tazmert.
Consommé beaucoup de sucre pour être en bonne santé. .

ttazzal yal ass akken ad tefsi tasemt deg-k.
Cours tous les jours pour brûler des graisses.

Fares seg yimawlan-ik skud mazal-iten ddren.
Profites de tes parents tant qu'ils sont encore vivants.

5- Chantons ! "Taɣribt-iw" de la chorale "Tidukla"

TAΓRIBT-IW, Chorale TIDDUKLA. Sous la direction de IDIR, ACB 1986).
Paroles d'Abdelouahab Mouheb.

Refrain
Teɛreq teɣribt-iw tekcem timura (2)
Ma yella d tamurt-iw
Truḥ-ak ay ixef-iw
Tezga ger wallen-iw, ur tt-ssineɣ ara (2)

Tuḍen taɣect-iw,
Heddreɣ s tmara
Taɛṛabt , tafransist, tamarikanit
Ma yella d taqbaylit ur tt ḥfideɣ ara (2)

Ameddakel-iw d gma
Baba akked yemma
Lǧiran d leḥbab,
Xwali d ɛmum-iw
Wa yuɣal d aɛṛab wayed d aṛumi (2)
Refrain

Ttmeslayen s zwax, nekkini meskin,
Am win yettillin
Ger sebɛa yifṛax
Ur fhimeɣ ur ceffuɣ im'ara ttɣennin
D agugam ttruɣ im'ara ttɣennin.
Refrain

Le kabyle, la langue de Mammeri

L'anglais est appelé la langue Shakespeare, le français est la langue de Molière, l'espagnol la langue de Cervantès, l'auteur du célèbre "Don Quichotte". La langue kabyle a aussi un nom: on l'appelle la langue de Mammeri. En tout cas, c'est ainsi que la presse l'appelle.
Pourquoi ? Qui est Mammeri ?
Mouloud Mammeri est un romancier et intellectuel kabyle. Outre son écriture érudite en langue française, il est l'auteur de plusieurs œuvres en et sur la langue kabyle, en particulier *Les Isefra de Si Mohand ou M'hand, Yenna-yas Ccix Muhand, Poèmes kabyles anciens* et *Tajerrumt n tmazigt (tantala taqvaylit), Précis de grammaire berbère*. Une bibliographie complète est disponible sur Internet.
Le premier événement majeur du combat amazigh de l'Algérie post-indépendante, Tafsut Imaziɣen (le Printemps berbère de 1980 dont la date anniversaire est le 20 avril, a été provoqué par sa conférence sur son livre *Poèmes kabyle anciens*, qui a été interdite par le pouvoir algérien hostile à la culture amazighe.
Mammeri est né le 28 décembre 1917 et mort le 26 février 1989 dans un accident de voiture.

6- Urar n "Ma yenna Frawsen, ini" (Le jeu de Si Frawsen a dit, tu dis). Dans ton cahier, Fais comme dans l'exemple :

Ma yenna Frawsen "ali",
Ini : I ḍelli uliɣ
I ḍelli ur uliɣ ara
Yal ass ttaliɣ

Les phrases à transformer se trouvent à la prochaine page. Pour jouer à ce jeu, tu as besoin des savoirs suivants:

Le tableau ci-dessous te donne tous les radicaux dont tu as besoin pour conjuguer ces verbes. Pour ce faire, tu n'as qu'à ajouter les indices de personnes (voir leçon de grammaire de l'unité 1).

⚠ La lettre "e" change parfois de place dans le verbe conjugué. Ex. Rfed (porter): ad r**efd**en.

Forme simple du verbe	Aoriste	Aoriste intensif	Prétérit	Prétérit négatif
argu	argu	ttargu	urga	(ur) urga (ara)
nadi	nadi	ttnadi	nuda	(ur) nuda (ara)
krez	krez	kerrez	krez	(ur) kr**i**z (ara)
ader	ader	ttader	uder	(ur) ud**i**r (ara)
ali	ali	ttali	uli	(ur) ul**i** (ara)
ddu	ddu	tteddu	(*) dd**i** / dd**a**	(ur) dd**i** (ara)
ɣer	ɣer	ɣɣar	ɣr**i** / ɣr**a**	(ur) ɣr**i** (ara)
ini	ini	qqar	nn**i** / nn**a**	(ur) ɣri (ara)
kcem	kcem	(**) keccem	kcem	(ur) kc**i**m (ara)

⚠ **(*)** Certains verbes ont deux radicaux au prétérit qui se terminent par "a" et "i" comme "ddu", "ɣer", "ini", etc. Le radical qui se termine par "i" s'utilise à la 1ère et la 2ème personne du singulier. Le radical se terminant par "a" est utilisé à toutes les autres personnes. Ces verbes n'ont, en revanche, qu'un seul radical qui se termine par "i" au prétérit négatif
Ex. Conjugaison du verbe "Ini" au prétérit (passé) :

	Singulier	Pluriel
1ère pers.	**nni**ɣ	**nenna**
2ème pers.	te**nni**ḍ	tennam (masc.) te**nna**mt (fém.)
3ème pers. masculin	ye**nna**	**nna**n
3ème pers. masculin	te**nna**	**nna**nt

(**) Les deux "c" de "keccem" (aoriste intensif de "kcem" se prononcent [tch] comme dans le mot français "match" (anglissisme).

Adverbes de temps

Passé	Présent	Futur
iḍelli, sendiḍelli *hier, avant-hier*	**assa** *aujourd'hui*	**Azekka, sellazekka** *demain, après-demain*
ilindi, sendilindi *l'année passée, il y a 2 ans*	**aseggas-a** *cette année*	**qabel, wabel** *l'an prochain, dans 2 ans*
sgellin *Tout à l'heure*	**tura imir-a** *maintenant actuellement*	**ticki** *tout à l'heure*
iḍazeryen, ass-nni *la nuit passée, ce jour-là*	**yal ass** *chaque jour, toujours*	**sya d asawen** *dorénavant*
Smana iɛeddan *La semaine passée*	**smana-ya** *cette semaine*	**smana i d-iteddun** *la semaine prochaine*
azekka-nni, iḍelli-nni *le lendemain, la veille*		

Orthographe

Les affriquées s'écrivent avec un accent circonflexe inversé. Le *č* se prononce *tch* comme dans *match*, et le *ğ* se lit à peu près *dj* comme dans *adjuvant*. Il ne faut donc pas confondre le *č* [tch] le *c* [ch], le *ğ* [dj] et le *j* [j].

č	Ččant, čina, teččur.	*Elles ont mangé, orange, elle est remplie.*
ğ	Ğğant, tajeğğigt, taɣenğawt	*Elles ont laissé, fleur, cuillère*

Les affriquée « *ţ* » [ts] et « *ž* » [dz] sont en général notées respectivement *tt* et *zz* mais tt et zz ne sont pas toujours prononcées comme des affriquées.

Ex. Agezzar [agežžar] (*boucher*), yettafeg [yeţţafeg] (*il vole*).

Rappel : le « *ţ* » à la fin des noms féminin est noté avec un seul *t*.

Ex. Tayet (*épaule*), tidet (*vérité*), tamacahut (*conte*).

Labio-vélarisation :

Labio-vélarisation : Elle affecte les lettres *g, k, ɣ, x* et *q* . La prononciation de ces consonnes est « parfois accompagnée d'un arrondissement des lèvres, qui est l'amorce d'un *w* », comme dans alɣem [alɣwem].

La labio-vélarisation n'est pas notée et n'existe pas dans certaines régions de la Kabylie et chez les autres berbérophones. Voici quelques exemples :

agem	[agwem]	*puiser de l'eau*
agad	[agwad]	*avoir peur*
aker	[akwer]	*voler*
axnac	[axwnac]	*liège*
aq(rav	[aqwrav]	*cartable*
alɣem	[alɣwem]	*chameau*

Dans l'ancienne orthographe, on transcrivait la labio-vélarisation en ajoutant un *w* après la consonne ou en exposant un « w » ou un « o » : alɣwem / alɣ°em/ alɣʷem.

Phonétique

Entrainement

1- Répète les mots suivants puis vérifie ta prononciation.
Entoure les mots (les graphèmes) qui te sont difficiles à lire.
Entoure les affriquées.

Taǧǧalt, yeǧǧa, afenǧal, smejger, ajeǧǧig
Veuf, il a laissé, tasse, faire la grimace, fleur
ččeḥ, učči, čekčuka, ačamar, ačenčun.
se fâcher, nourriture, ragoût, barbe, objet qui fait du bruit.
Yekcem, ikeccem [ikeččem], zzi [zzi]
Il est entré, il entre, tourner.

Ttazzalen, yettafeg, tamacahut, tidet,
Ils courent, il vole, conte, vérité.
Ibezzer, agezzar, igezzem,
Il cotise, boucher, il coupe.

2- Après une première écoute de ces phrases, relis-les en respectant les intonations (interrogative, exclamatives et déclaratives.)

-La yekkat umeččim ! Ad nečč ad neqqim, ad nefk i yizgaren alim !	*-Il tombe des flocons de neige ! Mangeons et restons, donnons de la paille aux bœufs !*
-Ur telli ula d tameččimt n usigna deg yigenni.	*-Il n'y a pas un seul petit nuage dans le ciel.*
-Tagrest mm yiregrugen, tafsut mm yilemlumen, anebdu bu yiɣebbaren.	*-Hiver, temps des pluies ; printemps aux brumes ; été, de la poussière.*
-Mneɛ-iten seg udɣaɣ uffir akked tyita n deffir.	*-Préserve-les des malheurs imprévus et des coups en traître (Litt. Préserve-les de la pierre cachée et du coup de par-derrière).*
-Yessa-yas leḥrir ɣef uzezzu.	*-Il lui a doré la pilule (Litt. Il lui a étendu des soieries par-dessus du genêt épineux).*
-Seg ucrured ɣer tikli.	*-On commence par des petites choses et on en arrive à de grandes choses (Litt. des petits pas à la marche).*

3- Ecoute et répète les mots suivants en tenant compte de la prononciation labio-vélarisée.

ameqqran	aker	agem	alɣem	axnac	aqrab	aggad	taɛekkazt	akbal	aglim
grand	*dérober*	*puiser*	*chameau*	*liège*	*cartable*	*craindre*	*canne*	*maïs*	*peau*
[ameqqwran]	[akwer]	[agwem]	[alɣwem]	[axwnac]	[aqwrab]	[aggwad]	[taɛekkwazt]	[akwbal]	[agwlim]

Discrémination

4- Sépare les syllabes à l'aide d'un slash (/) dans les listes 1 et 3.

Interprétation

1- Lis les mots à voix haute.
2- Ecoute l'enregistrement. Compare.

Yečča **Ur ččiɣ ara** **Aberčečču** **Yesčewčiw** **ičibib ur** **nečči seg** **umeččim.**	**Yeǧǧa** **Ur teǧǧi ara** **Ajeǧǧig n Ǧerǧer** **Yejji seg ujeǧǧiḍ.** **Yenna-yas umejjay** **ad yeǧǧ ddexxan, ur** **t-yeǧǧi.**	**Ttu** **Ttu-tt** **Ttu tidet** **Ttu tidet ur tt-qqar.** **Eččč susem meqqar** **ur d-qqar ayɣer.** **Ttmeslay tidet.**	**Igezzem** **ayen yeẓẓa** **yezza-t.** **Avezzar ur** **itetter** **akken ad** **yevzer.**

UNITÉ 6

Parler de sa forme et de sa santé

Ger tamawt *Ecoute l'audio de cette B.D. et répète les répliques*

Tawacult merra tuḍen !

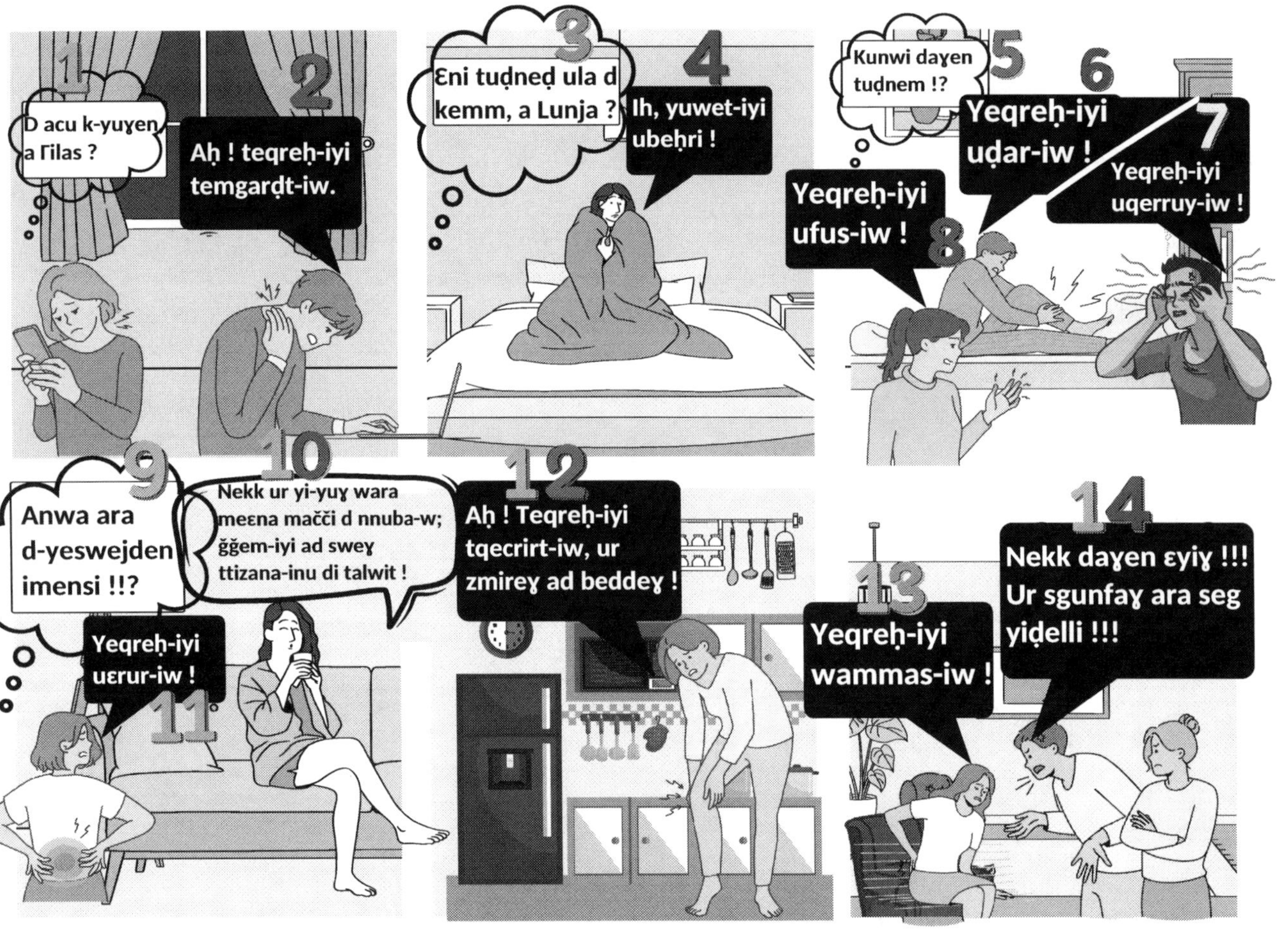

Nadi *D'après cette BD, comment on dit en kabyle :*

1- Qu'est-ce qui ne va pas ?
2- Tu es malade ?
3- J'ai mal au cou.
4- J'ai le rhume.
5- J'ai mal à la main.
6- J'ai mal au pied.
7- J'ai mal à la tête.
8- J'ai mal au dos.
9- J'ai mal au genou, je ne peux pas rester debout.
10- Moi aussi je suis fatigué, je ne me suis pas reposé depuis hier !
11- Vous aussi êtes malades?

- Les membres de cette famille sont-ils vraiment malades ?
- Pourquoi chacun d'eux fait semblant d'être malade ?

Mmeslay *Des outils pour t'exprimer :*

Parler de sa forme

① Questionner

- **D acu i k-yuɣen ?** — Qu'est-ce que tu as ?
- **Yella kra i k-yuɣen ?** — Qu'est-ce qui ne va pas ?
- **Ɛni tuḍneḍ ?** — Tu es malade ?
- **Amek tettiliḍ ?** — Comment vas-tu ?

② Répondre

- **Uḍneɣ.** — Je suis malade.
- **Ɛyiɣ.** — Je suis fatigué.
- **Yeqreḥ-iyi** uḍar-iw. — J'ai mal au pied (mon pied me fait mal)
- **Teqreḥ-iyi** tweṭzit-iw. — J'ai mal à la cheville.
- **Qerḥen-iyi** yiḍaren-iw. — J'ai mal au pieds. (Mes pieds me font mal)
- **Qerḥent-iyi** tuɣmas-iw. — J'ai mal aux dents. (Mes dents me font mal)
- **Sɛiɣ** tawla, — J'ai de la fièvre.
- **Yuwet-iyi** ubeḥri, ttussuɣ. — Je suis enrhumé, je tousse.
- **Rẓeɣ** deg uḍar, deg ufus — Je me suis fait casser le pied, la main.
- Lleɣẓameɣ. — Je suis luxé
- Funzreɣ. — J'ai saigné du nez.
- **Ur yi-yuɣ wara, i keččč ?** — Je vais bien, et toi ?
- **Gerrzeɣ.** — Je vais très bien.
- **Ruḥeɣ ɣur umsujjay (ṭbib), yefka-yi-d ddwa.** — Je suis allé(e) chez le médecin, il m'a prescrit des médicaments.
- **Swiɣ ddwa.** — J'ai pris des médicaments.
- **Jjiɣ, ḥliɣ** — Je suis guéri(e)

③ Donner son impression

- **Tettbineḍ teɛyiḍ, d acu k-yuɣen ɛni ?** — Tu as l'air fatigué, Qu'est-ce qui ne va pas?
- **Tettbineḍ tuḍneḍ.** — Tu as l'air malade.
- **Tettbineḍ ur k-yuɣ wara.** — Tu as l'air en forme.

Exprimer ses doutes

- **Ur cukkeɣ ara d tidet.** — Je ne suis pas sûr(e) que ce soit la vérité.
- **Sɛiɣ ccekk.** — J'ai des doutes.
- **Ur ẓriɣ ara d acu ara xedmeɣ.** — Je ne sais pas quoi faire.

Demander conseil

- **Tzemreḍ ad ayi-d-tiniḍ d acu ara xedmeɣ ?** — Peux-tu me dire ce que je dois faire ?
- **Ɣef wakken tettwaliḍ, llaq ad t-xedmeɣ neɣ ala ?** — A ton avis, je dois le faire ou non ?
- **Ɛewwqeɣ.** — J'hésite.
- **D acu i ilaqen ad t-xedmeɣ ?** — Qu'est-ce que je dois faire ?
- **Amek ara s-iniɣ ? D acu ara s-iniɣ ?** — Comment je lui dirai? Qu'est-ce que je dois lui dire ?

Exprimer les 4 émotions de base

① Tuggdi (La peur)

- **Ttaggadeɣ.**
- **Ttergigiɣ si tuggdi.**
- **Xellɛeɣ**

- J'ai peur
- Je tremble de peur.
- J'ai eu peur.

② Urfan (La colère)

- **Rfiɣ.**
- **Serfu.**
- **Sussem ! Berka !**
- **Mulleɣ !**
- **Tesserfayeḍ-iyi !**

- Je suis en colère.
- Enerver.
- Tais-tu ! Arrête !
- J'en ai assez !
- Tu m'énerves !

③ Aneɣni (la tristesse)

- **Nneɣniɣ**
- **Ttruɣ**

- Je suis triste.
- Je pleure.

④ Tumert (la joie)

- **Nnecraḥeɣ**
- **Lzeɣ**
- **Ttaḍsaɣ**

- Je suis heureux (se).
- Je suis content(e)
- Je ris

Laẓ, fad, asemmiḍ, lḥamu

- **Lluẓeɣ.**
- **Ffudeɣ.**
- **Lluẓeɣ, bɣiɣ ad ččeɣ.**
- **Ffudeɣ, bɣiɣ ad sweɣ.**
- **Ṛwiɣ.**
- **Yenɣa-yi usemmiḍ**
- **Yenɣa-yi lḥamu**

- J'ai faim.
- J'ai soif.
- J'ai faim, je veux manger.
- J'ai soif, je veux boire.
- Je suis rassasié(e).
- J'ai froid.
- J'ai chaud.

Les Printemps kabyles

Les Kabyles ont de tout temps combattu l'oppression et lutté pour les idéaux démocratiques et la reconnaissance de la culture et de la langue amazighes (ou berbères).
Le successeur du maréchal Bugeaud, le général Jacques Randon (1795-1871), demanda à l'empereur Napoléon III d'entreprendre vite la conquête de la Kabylie car, selon lui, « la soumission des Kabyles devait primer toutes les autres régions (de l'Algérie), car le monde kabyle pouvait représenter un grand danger ». Cette conquête de la Kabylie est engagée 27 ans après le débarquement à Sidi-Ferruch, près d'Alger, le 14 juin 1830. Les troupes françaises firent face à une farouche résistance des populations autochtones, comme celle de la légendaire Lala Fadhma N'Soumer, surnommée "la Jeanne d'Arc du Djurdjura"
En 1871, les Kabyles organisent une insurrection en vue de chasser le colonialisme de leur territoire...
Les Kabyles ont toujours été à l'avant-garde du combat pour l'indépendance. En 1962, l'indépendance fut acquise mais elle ne sera que de courte durée pour eux qui, suite à la prise du pouvoir par Benbella et le "Clan de Ouejda", avec l'appui militaire du colonel Boumédiène, envers et contre tous les révolutionnaires qui avaient été le fer de lance du combat d'indépendance, furent marginalisés et leur langue interdite à l'école, dans les médias et partout où elle pouvait manifester son existence, par les nouveaux "caïds" qui voulurent imposer au peuple une Algérie exclusivement arabo-islamique. En 1963, les Kabyles entre en guerre pour le renversement du régime mais cette révolte n'aboutit pas aux résultats escomptés.
Le 10 mars 1980, l'interdiction d'une conférence de l'écrivain Mouloud Mammeri sur le thème de son livre *Poèmes kabyles anciens*, fut la goutte qui fit déborder le vase. Les étudiants d'abord, ensuite toutes les populations, battirent le pavé pour protester contre cette interdiction et, de fil en aiguille, revendiquer la reconnaissance de leur langue, culture et identité. La répression fut implacable. Ce mouvement a atteint son apogée le 19 et **20 avril** de la même année. Chaque année, le 20 avril, date anniversaire de ce **Printemps berbère** (**Tafsut Imaziɣen**) une grève et plusieurs manifestations culturelles sont organisées en Kabylie et dans la diaspora.
En **2001**, la Kabylie connaîtra un autre printemps, c'est le **Printemps Noir** (**Tafsut taverkant**) qui fut sanglant : au moins 130 morts et environ 10 000 blessés, certains sont handicapés à vie. Tout a commencé suite à l'assassinat de Guermaḥ Massinissa, un jeune lycéen de 18 ans, dans les locaux de la gendarmerie de Béni-Douala (At-Douala), le 18 avril 2001, à 2 jours de la commémoration du Printemps berbère. Le **14 juin 2001**, des millions de personnes venues des 4 coins de la Kabylie descendent dans les rues d'Alger afin de remettre au président la **Plate-forme de revendications d'El-Kseur** considérée par le Mouvement Citoyen comme "scellée et non négociable".
Le 25 juin 1998, l'assassinat du chanteur engagé Lounes Matoub a été suivi de manifestations qui resteront également dans l'histoire.
En dépit de l'officialisation de la langue amazighe, depuis le 7 février 2016, cette langue demeure marginalisée et aucune volonté politique d'en finir avec cette injustice n'est affichée par les dirigeants algériens qui continuent, hélas, de voir le fait amazigh d'un mauvais oeil.

Tajmaɛt ou la démocratie laïque en Kabylie

En Kabylie, selon son organisation socio-politique traditionnelle, chaque village dispose d'une très grande autonomie au niveau de ses règles, ses lois et ses mœurs. Un comité de village est désigné par la population à Tajmaɛt, l'assemblée du village, où ont lieu tous les débats relatifs aux affaires de la Cité. Le rôle de ce comité est entre autres, de réguler la vie au sein de la communauté. Cette assemblée est traditionnellement laïque: L'imam (ou le prêtre s'il y en a un) s'occupe uniquement du culte religieux et ne participe nullement à Tajmaɛt. Les Kabyles jurent par "Jmiɛliman" qui signifie "au nom de toutes les croyances".
Plusieurs villages constituent un Adrum, les Adrums font partie d'une confédération. Cette organisation permet de s'unir lors de conflits ou de guerres, notamment contre des envahisseurs, comme les Romains, les Byzantins, les Arabes, les Ottomans et les Français.

Amawal

Tafekka n umdan-Le corps humain

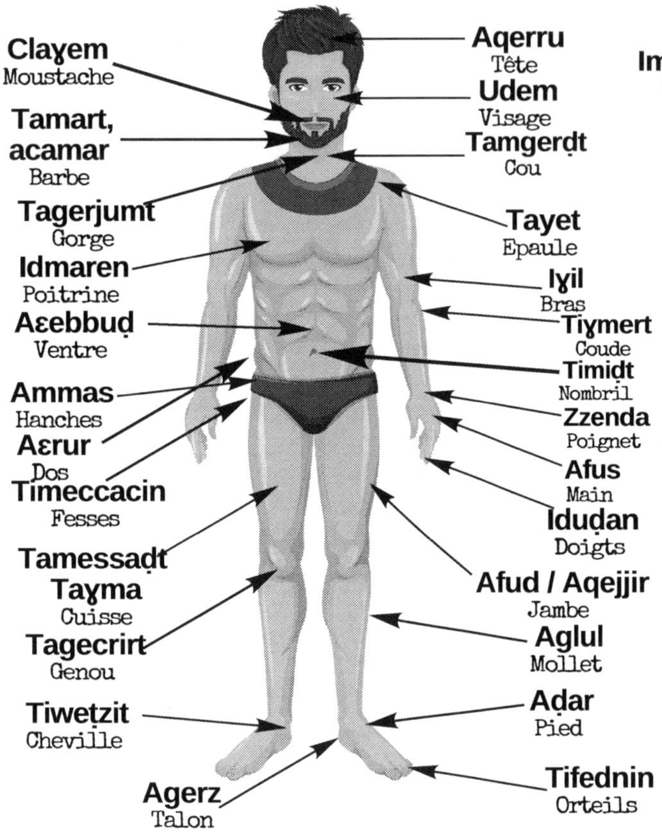

Claɣem
Moustache
Tamart, acamar
Barbe
Tagerjumt
Gorge
Idmaren
Poitrine
Aεebbuḍ
Ventre
Ammas
Hanches
Aεrur
Dos
Timeccacin
Fesses
Tamessaḍt
Taɣma
Cuisse
Tagecrirt
Genou
Tiweṭzit
Cheville
Agerz
Talon
Aqerru
Tête
Udem
Visage
Tamgerḍt
Cou
Tayet
Epaule
Iɣil
Bras
Tiɣmert
Coude
Timiḍt
Nombril
Zzenda
Poignet
Afus
Main
Iḍuḍan
Doigts
Afud / Aqejjir
Jambe
Aglul
Mollet
Aḍar
Pied
Tifednin
Orteils

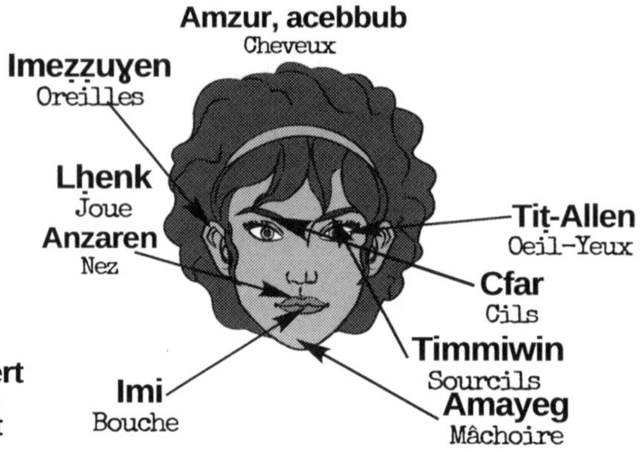

Amzur, acebbub
Cheveux
Imezzuɣen
Oreilles
Lḥenk
Joue
Anzaren
Nez
Imi
Bouche
Tiṭ-Allen
Oeil-Yeux
Cfar
Cils
Timmiwin
Sourcils
Amayeg
Mâchoire

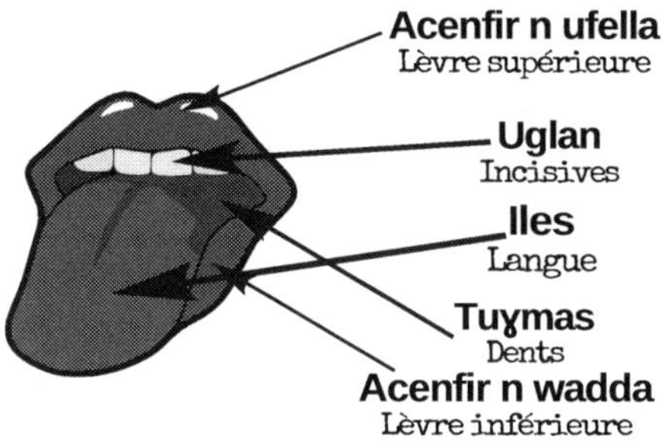

Acenfir n ufella
Lèvre supérieure
Uglan
Incisives
Iles
Langue
Tuɣmas
Dents
Acenfir n wadda
Lèvre inférieure

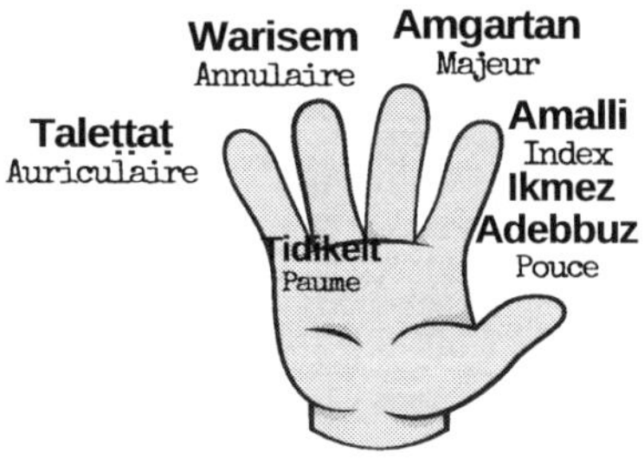

Warisem
Annulaire
Amgartan
Majeur
Taleṭṭaṭ
Auriculaire
Amalli
Index
Ikmez
Adebbuz
Pouce
Tidikelt
Paume

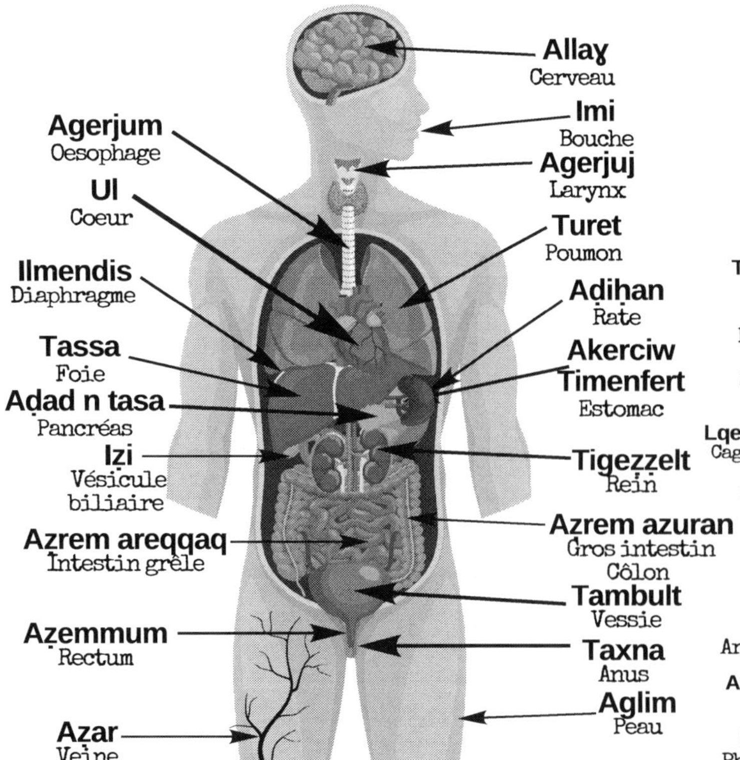

Allaɣ
Cerveau
Imi
Bouche
Agerjum
Oesophage
Agerjuj
Larynx
Ul
Coeur
Turet
Poumon
Ilmendis
Diaphragme
Adiḥan
Rate
Tassa
Foie
Akerciw
Timenfert
Estomac
Aḍad n tasa
Pancréas
Izi
Vésicule biliaire
Tigezzelt
Rein
Azrem areqqaq
Intestin grêle
Azrem azuran
Gros intestin
Côlon
Tambult
Vessie
Azemmum
Rectum
Taxna
Anus
Aglim
Peau
Azar
Veine

Aɣras - Iɣessan

Squelette – os

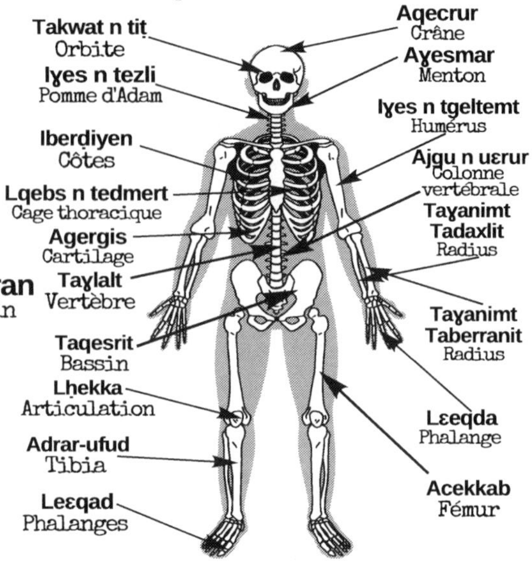

Takwat n tiṭ
Orbite
Iɣes n tezli
Pomme d'Adam
Iberḍiyen
Côtes
Lqebs n tedmert
Cage thoracique
Agergis
Cartilage
Taɣlalt
Vertèbre
Taqesrit
Bassin
Lḥekka
Articulation
Adrar-ufud
Tibia
Leεqad
Phalanges
Aqecrur
Crâne
Aɣesmar
Menton
Iɣes n tgeltemt
Humérus
Ajgu n uεrur
Colonne vertébrale
Taɣanimt
Tadaxlit
Radius
Taɣanimt
Taberranit
Radius
Leεqda
Phalange
Acekkab
Fémur

Amawal

Tiɛudrin d waṭṭanen

Handicaps et maladies

Tazerzayt /azerza : *la variole*
Qemqam aḥerbal : *la varicelle*
Tanezyuft : *l'eczéma*
Tadiḥant : *pancréas*
Tifiḍli, tifiḍliwin : *verrues*
Timmist : *le furoncle*
Ajeğğiḍ : *la gale*
Zzellum, busemmaḍ : *le rhumatisme*
Tterka : *la peste*
Buchiḍ : *le choléra des poules*
Taburdit, ṭiɛna : *choléra*
Buneggaf : *l'ashmes,*
Angaf : *dispnée*
Tabuzeggaɣt : *le rougeole*
Tawla : *la fièvre*
Tidderɣelt : *la cécité*
Tideɛmumec : *myopie*
Tamaggirt : *indigestion*
Tiɛuẓẓegt : *la surdité*
Tabeɛuct, axenẓir : *le cancer*
Taɣbelt, feqɛa : *inflammation de la thyroïde*
Siwriɣ, sawraɣ, tajɣuɣt : *la jaunisse*
Unẓur, tizelmaz :*amygdalite*
Iḥelquben / Iḥelququen : *amigdales*
Tamimunt : ***épilepsie***
Ḥebcbab : *l'acné*
Ameṛɛun : *épilepsie*
Zirna : *la prostate*
Ajdam : *la lèpre*
Meɣrud : *coma, état d'inconscience*
Tindaw : *le trachome, conjonctivite*
Illeḍ : *l'orgelet*
Calwaw, taceṛvit : *la cataracte*
Urnan : *allergie*
Adiḥan : *la rate*
Ifula : *les carries*
Ttifexsa, tifexsiwin : *les crevasses*
Tikkuka , takekkuct : *les engelures*
Acelfux, icelfuxen : *la Cloque, ampoule*
Awles, iwelssen : *les ganglions*
Tinzi : *la sinusite*
Tasegrurt : *abcès, phlégmon*
Taṣadift /tamaggirt : *dyspepsie*
Uknif : *bulle (de brûlure)*
Nnaqsa : *migraine*
Angaz, tineggizt, tisfi : *colique*
Aqeẓzul : *ganglion (adénomégalie)*
Tifidi : *plaie*
Askussbeṛ : *constipations*
Afunzer : *épistaxis*
Aslegleḍ : *dysarthrie*
Aguẓu : *disphagie*
Timziggest : *hémopytisie*
Asiqi : *métrorragie*
Lembwaser, ccin = *les hémoroides*
Tamunḍi : *rectorragie*
Tigezzmi, burekku : *gangrène*
Ccuf mejjir : *les oreillons*
Tisfi : *point de côté*

Source : Amar Mezdad, romancier en kabyle et medecin.

Inan / Les couleurs

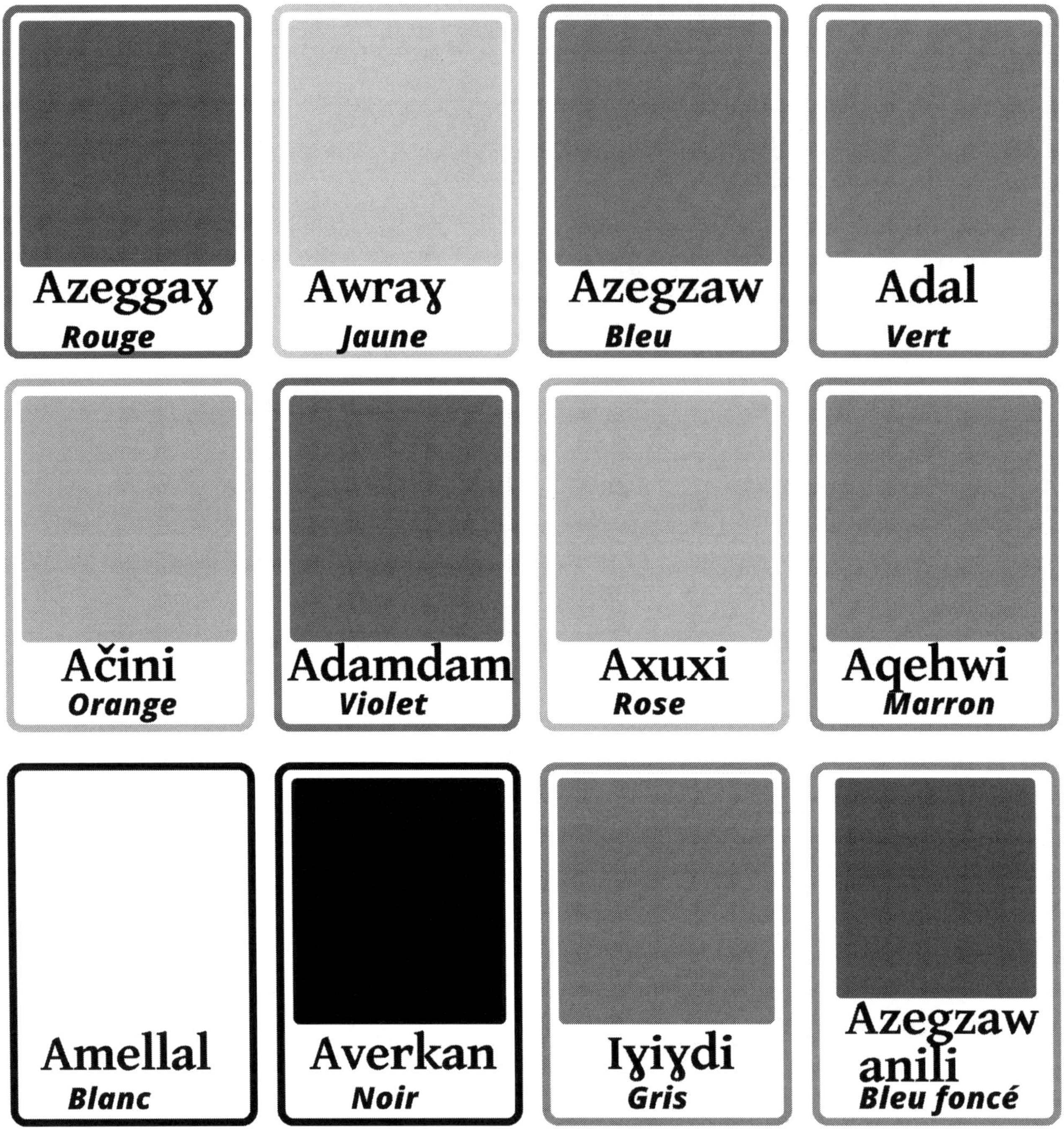

- Les adjectifs de couleurs (épithète), à l'instar de tous les adjectifs qualificatifs, se place toujours après le nom avec lequel il s'accorde en genre et en nombre.
  Ex. Igenni **azegzaw**. *Le ciel bleu.*
  Amzur **averkan**. *Les cheveux noirs.*
- "Aqesḥan" signifie "foncé", "acemlax" veut dire "clair".
  Ex. Azegzaw **aqesḥan**. *Bleu foncé.*
  Aqehwi **acemlax**. *Marron clair.*
- Dans certaines région, "azegzaw" signifie "vert". Dans certaines d'autres, le vert se dit "arbiɛi" ou “aḥcayci”.

Tajerrumt

Les pronoms compléments du verbe

Le verbe a deux types de compléments : le COD et le le COI.

Ex. Fkiɣ **tajeǧǧigt i yemma.**
*J'ai donné **une fleur à ma mère.***

Le sujet du verbe "efk" est l'indice de personne "...ɣ" qui est l 'équivalent du pronom sujet "Je" en français. "tajeǧǧigt" (fleur) en est le COD et "i yemma" (à ma mère) le COI. Cela fonctionne comme en français.

Remplaçons maintenant le COD "tajeǧǧigt" et le COI "i yemma" par un pronom personnel:

Fkiɣ-**tt** i yemma.
*Je **l'**ai donnée à ma mère.*
+
Fkiɣ-**as** tajeǧǧigt.
*Je **lui** ai donné une fleur*
=
Fkiɣ-**as-tt**
*Je **la lui** ai donnée.*

Les pronoms compléments sont des affixes du verbe, ils sont donc attachés au verbe avec un trait d'union.

Les affixes sont placés après le verbe sauf si le verbe est précédé d'une particule comme *ad* et *i*, ou quand la phrase est négative.

Ex. Yerfed-**iten** / **ad ten**-yerfed / **Ur ten**-yerfid ara / D netta **i ten**-irefden.
*Il **les** a portés / Il **les** portera / Il ne **les** a pas portés / C'est lui qui **les** a porté(e)s*

Les pronoms COD

	Singulier	Pluriel
1ère pers.	Yerfed-**iyi** *Il **m'**a porté(e)*	Yerfed-**aɣ** *Il **nous** a porté(e)s*
2ème pers. m.	Yerfed-**ik** *Il **t'**a porté*	Yerfed-**iken** *Il **vous** a portés*
2ème pers. f.	Yerfed-**ikem** *Il **t'**a portée*	Yerfed-**ikent** *Il **vous** a portées*
3ème pers. m.	Yerfed-**it** *Il **l'**a porté*	Yerfed-**iten** *Il **les** a portés*
3ème pers. f.	Yerfed-**itt** *Il **l'**a portée*	Yerfed-**itent** *Il **les** a portées*

Les pronoms COI

	Singulier	Pluriel
1ère pers.	Yenna-**iyi** *Il **m'**a dit*	Yenna-ya**ɣ** *Il **nous** a dit*
2ème pers. m.	Yenna-ya**k** *Il **t'**a dit*	Yenna-**yawen** *Il **vous** a dit*
2ème pers. f.	Yenna-**yam** *Il **t'**a dit*	Yerfed-**yawent** *Il **vous** a dit*
3ème pers. m.	Yenna-**yas** *Il **lui** a dit*	Yenna-**yasen** *Il **leur** a dit*
3ème pers. f.	Yenna-**yas** *Il **lui** a dit*	Yenna-**yasent** *Il **leur** a dit*

Les particules d'orientation

Les particules d'orientation sont également des affixes du verbe. Il en existe deux : "-d" et "-n". La première (d) oriente l'action vers le locuteur (A) ou vers le lieu où il est, était ou sera, la seconde vers l'auditeur (B) ou vers le lieu où il est, était ou sera. **Ex.** **A** dit à **B** : Ruḥeɣ-n (Je suis venu). **A** dit à **B** = Uɣaleɣ-d (Je suis revenu *vers le lieu du locuteur A*).

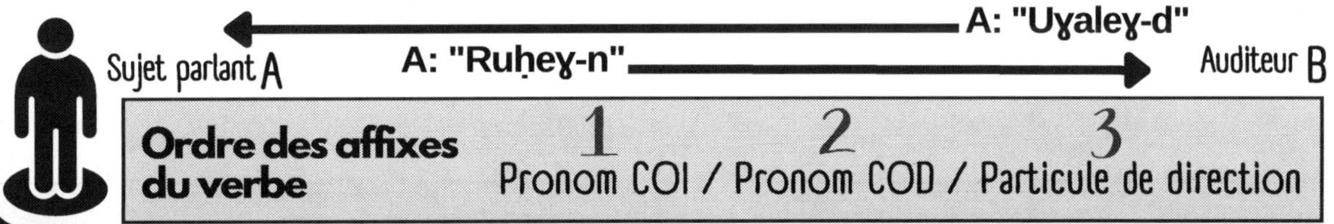

Ordre des affixes du verbe
1 Pronom COI / 2 Pronom COD / 3 Particule de direction

LMED S WURAR !

Apprends en jouant !

1- Le Petit Chaperon Rouge (Mm tqelmunt Tazeggaɣt) doit arriver avant le loup à la maison de sa grand-mère pour éviter que celui-ci ne les dévore tous les deux. Surtout que le loup, fin connaisseur de la forêt, connaît un sentier plus court et sans danger. Mais heureusement que tu étais là pour aider le Petit Chaperon Rouge à atteindre son objectif. Il suffit de t'armer des connaissances que tu as acquises dans le cours de kabyle pour lui venir en aide: à chaque fois qu'il croise un animal, une chose ou un humain, tu écris une phrase dans ton cahier pour dire en kabyle ce que tu ressentirais si tu étais à sa place. Voici un modèle de phrase que tu peux utiliser : **Mi d-mlaleɣ "*aɣersiw, amdan neɣ taɣawsa*", "*ayen tḥulfaḍ*"..**

Quand j'ai rencontré "animal, *humain ou chose*", "ce que *j'ai éprouvé*".

Mm Tqelmunt Tazeggaɣt

Le Petit Chaperon rouge

Vocabulaire

yiwen umdan yejreḥ : un humain blessé

aɣilas yeẓdem ɣef tzerzert : le tigre se jette sur une gazelle.

aɣzi : loup

iffis : hyène

taqcict tesmesxir fell-i : une fille qui se moque de moi.

izem : lion

tacekkart teččur d idrimen : un sac rempli d'argent.

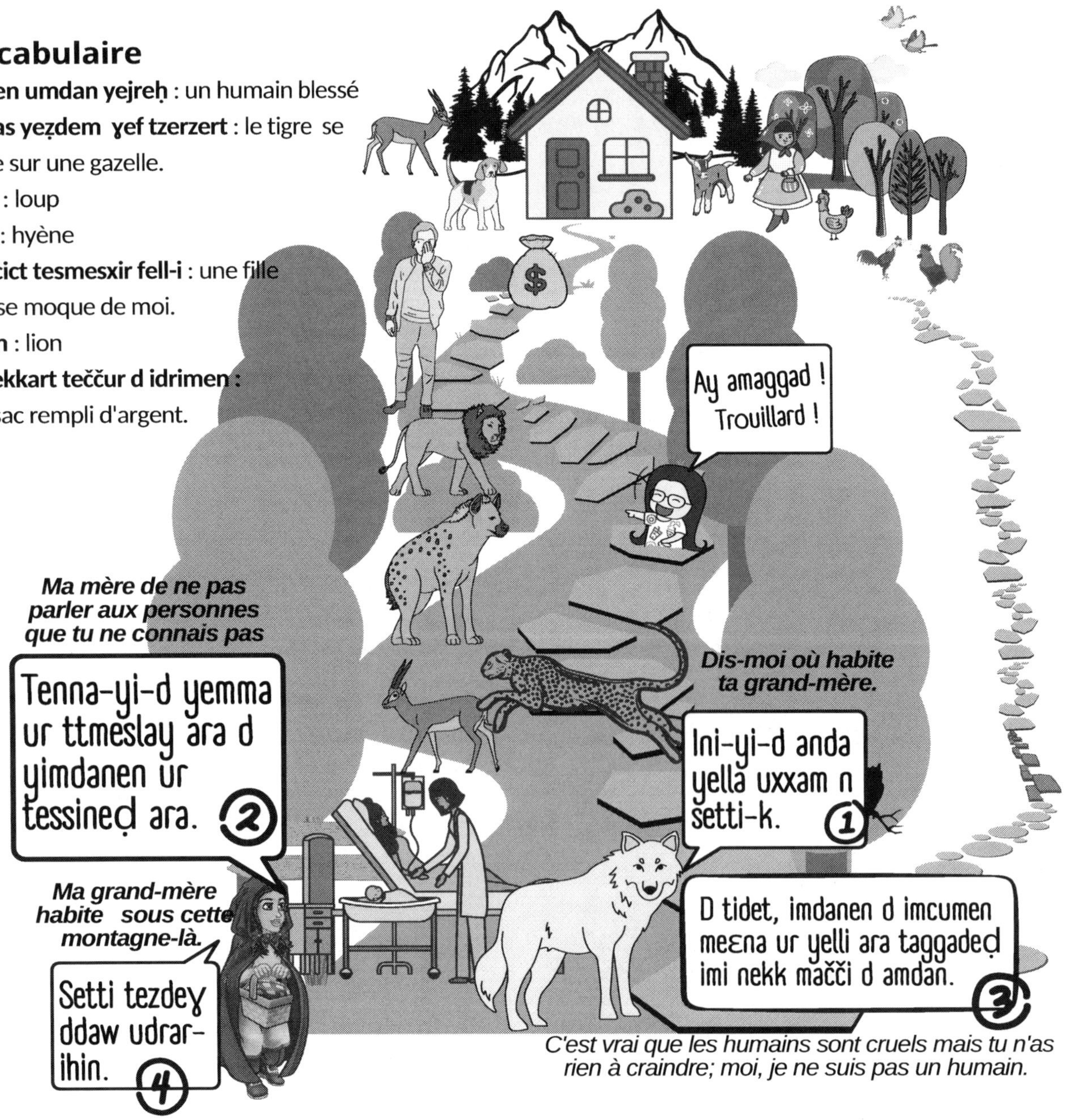

Ay amaggad ! Trouillard !
Dis-moi où habite ta grand-mère.
Ini-yi-d anda yella uxxam n setti-k. 1
Ma mère de ne pas parler aux personnes que tu ne connais pas
Tenna-yi-d yemma ur ttmeslay ara d yimdanen ur tessineḍ ara. 2
D tidet, imdanen d imcumen meɛna ur yelli ara taggadeḍ imi nekk maččí d amdan. 3
C'est vrai que les humains sont cruels mais tu n'as rien à craindre; moi, je ne suis pas un humain.
Ma grand-mère habite sous cette montagne-là.
Setti tezdeɣ ddaw udrar-ihin. 4

2- Quel émotion suscite chez toi ce qui est représenté sur ces images.

Dans ton cahier, écris les phrases que chaque image représente. Conjugue à l'aoriste intensif (forme affirmative et forme négative) en fonction de la personne à droite de l'image. Souviens-toi l'aoriste intensif exprime une habitude, une qualité, une caractéristique, etc. Tu peux utiliser les verbes : aggad, ḥemmel, ɣucc,

Exemple :

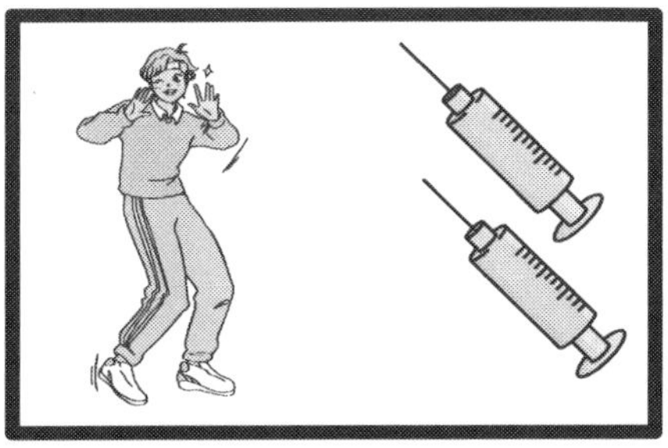

Tisegnit / tisegnatin

Yettaggad tisegnatin
Ur yettaggad ara tisegnatin

Il a peur des injections.
Il n'a pas peur des injections.

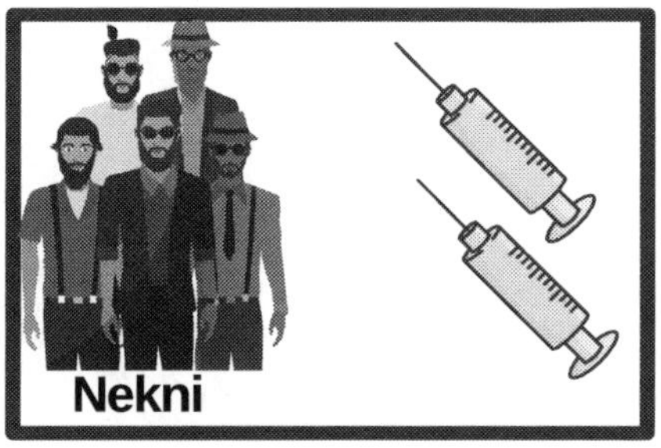

Tisegnit / tisegnatin

Nettaggad tisegnatin
Ur nettaggad ara tisegnatin

Nous avons peur des injections.
Nous n'avons pas peur des injections.

1-Staline (adiktaturi n Rruss)

2-Ṭṭrad

3- Cna

4-Ddavex-uḍar

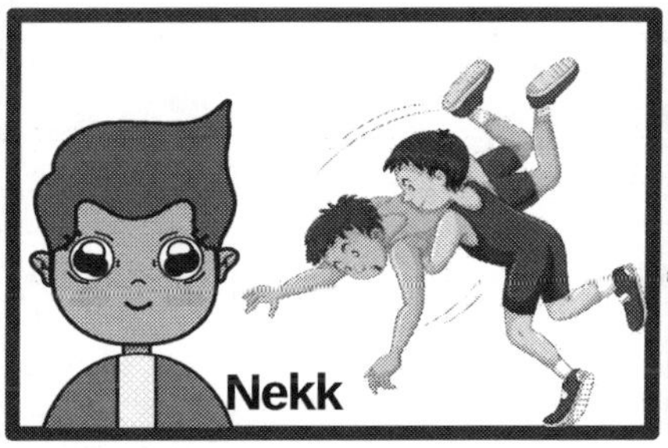

5-Tamḥeqranit

6- Čina

7-Tisist

8-Ddwa

9- Axeddim

3- Même exercice.

Ecris une phrase pour exprimer l'action exprimée dans chaque image. Conjugue au prétérit (forme affirmative et forme négative) en fonction de la personne représentée sur l'image. Le prétérit peut être utilisé pour exprimer une action passée qui continue dans le présent. Utilise dans l'ordre ces verbes: **ffad, gen, eḍs, vnu, aru, nnaɣ, eččč, ɣer, urar**.

Exemple :

Nekk d gma nelluẓ.
Mois et mon frère avons faim.

Avavat d mmi-s lluẓen.
Le père et son fils ont faiml.

1

2

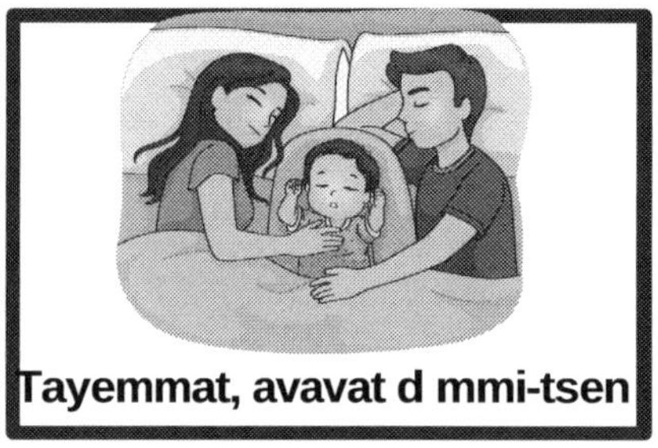

3

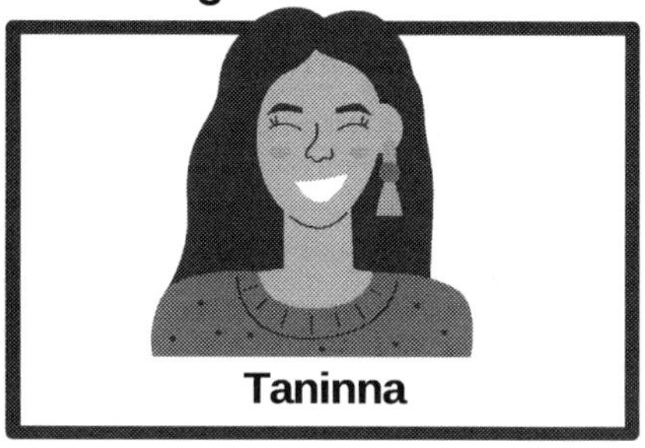

4

5

6

7

8

9

4-Trouvez le chemin pour aller de A à B. Sur certains passages, vous trouverez une image qui vous barre la route, vous devez trouver son nom pour passer.

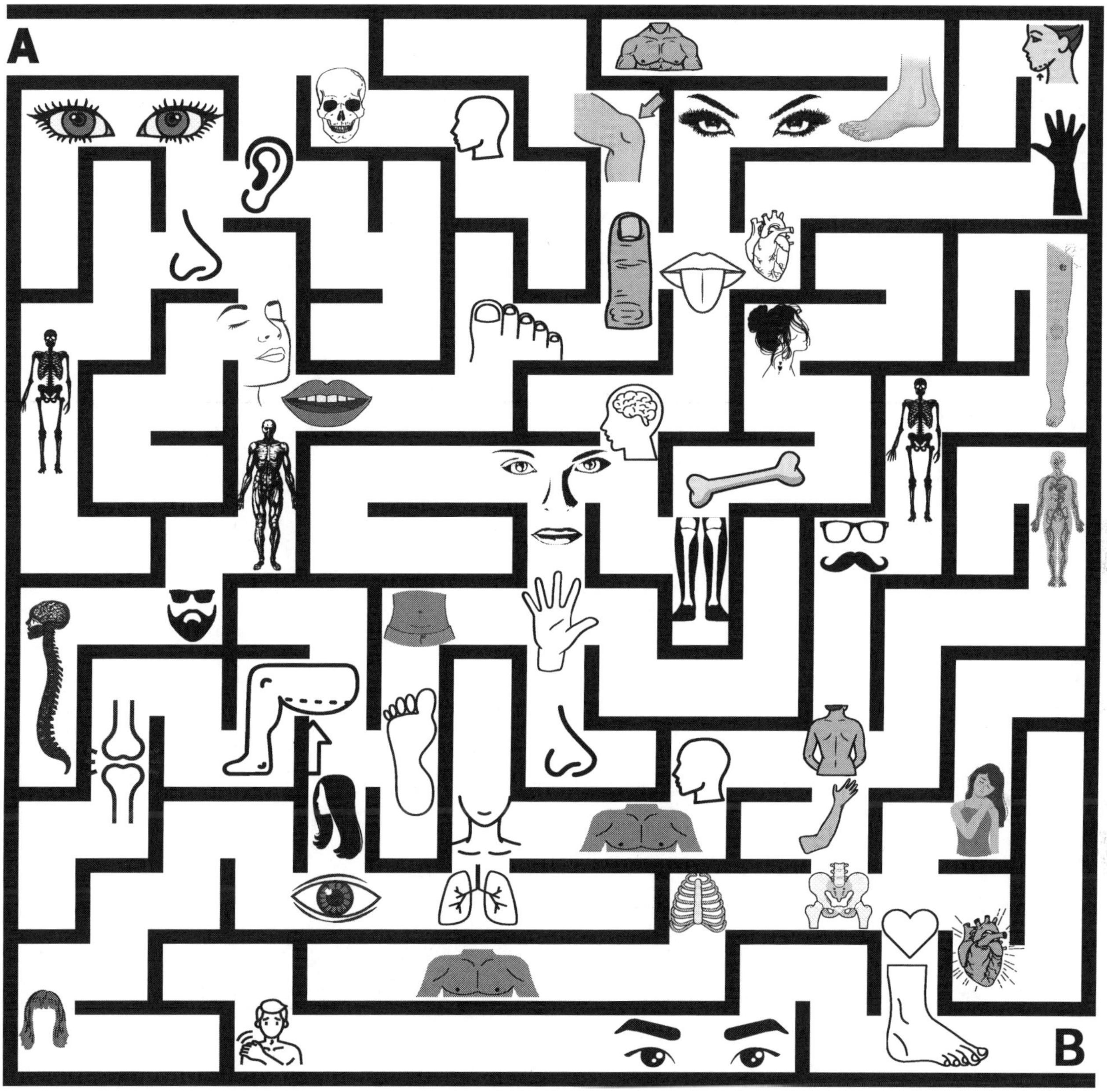

5-Retrouver ces mots du vocabulaire du corps humain. Donner leurs équivalents en français.

Aqerru	imawen
Udem	acenfir
Tayet	agejur
Tamart	Turet
Aglul	ulawen
Tifdent	tassa
Agerz	ilmedis
Ammas	aglim
Tagecrirt	tambult
Allen	acekkab
Amzur	idmaren
Ifassen	agergis
zzenda	taqesrit
Afud	

I	F	R	H	D	M	A	V	F	Y	Y	K	K	T	N	L	R	B	A	I
S	A	M	M	A	S	T	C	A	E	Y	A	Q	I	N	K	A	V	B	S
P	A	S	S	A	T	A	O	E	Q	W	N	V	F	T	K	A	V	C	A
A	G	Z	I	D	M	A	R	E	N	Q	H	E	D	K	T	Q	R	F	V
D	L	Z	T	Z	R	D	W	D	T	F	N	A	E	V	R	X	U	L	M
X	K	E	K	R	S	A	T	R	P	R	I	C	N	M	A	D	A	U	Z
G	U	N	X	E	S	D	I	S	B	L	A	R	T	J	M	L	H	L	N
U	K	D	T	G	A	R	R	T	A	U	D	N	X	X	A	C	L	G	E
L	P	A	I	A	C	T	S	K	Q	F	T	K	V	U	T	H	Z	A	L
A	U	S	O	E	E	A	E	W	E	E	A	G	E	R	G	I	S	W	L
W	R	W	G	Y	P	G	Q	H	R	S	T	E	S	F	G	D	U	Q	A
E	A	A	A	M	Y	J	A	U	R	Z	X	J	X	U	H	W	B	R	M
N	T	T	Z	R	J	N	T	R	U	W	I	M	Y	M	A	D	H	H	D
M	A	V	S	I	D	E	M	L	I	Y	I	H	N	E	S	S	A	F	I
A	M	Z	U	R	I	E	B	A	Z	L	Y	W	G	S	I	E	M	Q	M
S	B	R	M	B	D	N	Ç	H	G	S	Z	D	F	M	Y	K	U	B	Z
X	U	S	V	U	O	B	X	A	O	E	W	V	A	I	W	B	Z	J	U
I	L	Y	J	R	S	C	Ç	R	T	Ç	J	W	E	D	L	F	P	O	Z
H	T	W	Ç	L	I	B	I	F	R	K	E	U	B	M	B	U	B	H	O
T	O	K	U	I	I	D	S	D	H	N	U	I	R	F	Y	O	B	K	V

6- Trouvez les réponses à ces énigmes kabyles sur le corps humain.

A- Taqejmurt mm sebɛa tefla.
Une bûche (percée) de sept cavités.

B- Tiẓgi-inu d taberkant.
Ma forêt est noire.

C- Snat teklatin di tekwatin
Deux négresses dans les coins.

D- Lɛinṣer ddaw weẓru : ṣeffer, yeddu.
Une source sous un rocher: siffle, elle se met à couler.

E- Zziɣ-d i wedrar, ufiɣ agersal.
J'ai contourné la montagne et trouvé un champigon.

F- Kra i tett ur irewwu.
J'ai contourné la montagne et trouvé un champigon.

G- Azger-iw d azeggaɣ, asif ddaw-as: netta ur t-yewwi, netta ur t-yuggad.
Mon boeuf est rouge, il a une rivière sous lui: celle-ci ne l'emporte pas et lui ne la redoute pas.

Réponses: **A- Aqerru :** *snat wallen, sin yimeẓẓuɣen, snat tenzarin d yimi ddaw-asen.*
B- Amzur **C-Allen** **D-Anzaren** **E- Ameẓẓuɣ** **F. Imi** **G. Iles**

7- Chantons ! "Ffeɣ ay ajrad tamurt-iw ", tazlit n Slimane Azem.

Ffeɣ ay ajrad tamurt-iw,
Lxir d-tufiḍ zik imḥa,
Ma d lqaḍi i k-issenzen
Awi-d leεqed ma iṣeḥḥa.

Ay ajrad teččiḍ tamurt
Wehmeɣ d acu ay d sebba ;
Teksiḍ-tt-id armi d tawwurt,
Teččiḍ i d-iğğa baba ;
Γas uɣal-d d tasekkurt
Tekfa yid-k lemḥibba.

Teɣliḍ-d seg yigenni am uččim
Ger lmeɣreb d lεica ;
Teččiḍ lḥebb terniḍ alim,
Tettextiriḍ deg lemεica ;
Ma d nekk teğğiḍ-iyi-d aclim,
Tḥesbeḍ-iyi am lhayca.

Ay ajrad fhem iman-ik
Tessineḍ d acu teswiḍ.
Γas heggi deg yiferrawen-ik,
Ad tuɣaleḍ ainsi d-tekkiḍ.
Mulac ddnub i yiri-k,
Ad txelṣeḍ ayen teččiḍ.

Thelkeḍ-iyi ay ajrad,
Tsuffɣeḍ-d deg-i lεella ;
Tessefruruxeḍ amerrad,
Tebɣiḍ-d a' ayi-teğğeḍ ccetla,
Ifut lḥal, iεedda ujerrad,
Yuk-id ẓher-iw yeḥla.

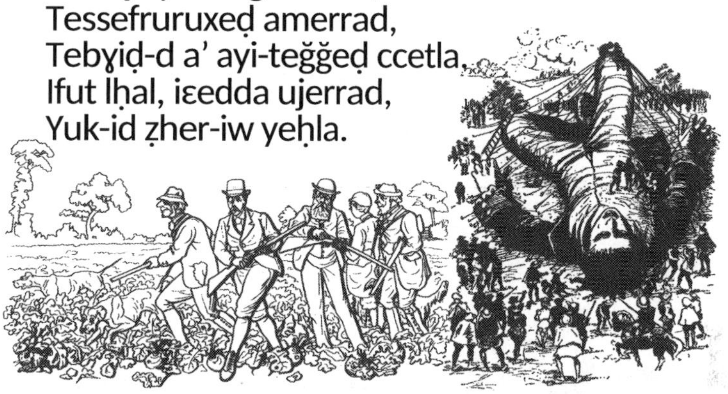

Slimane Azem est né en 1918 à Agouni Gueghrane, en Kabylie. Fils d'un humble fermier, il est engagé à l'âge de 11 ans en tant qu'ouvrier agricole pour un colon de Staoueli, une station balnéaire près d'Alger. En 1937, il émigre en France et devient ouvrier dans une aciérie de Longwy avant d'être employé comme assistant électricien dans le métro parisien.
Pendant son temps libre, Azem compose et chante des chansons. En 1955, il écrit "Ffegh ay ajrad tamurt-iw", une chanson à connotation nationaliste dans laquelle il compare les colons aux sauterelles qui dévastent les cultures.
De retour en Algérie, il subit les pressions du FLN qui lui demande une partie de ses revenus. Et, même si le pays accède à l'indépendance, une rumeur persistante accuse Azem d'avoir collaboré avec l'armée française pendant la guerre. Devenu persona non grata dans son pays d'origine, le chanteur est contraint de partir en exil. Ses chansons, souvent chantées en kabyle (comme ici), ne correspondent pas au moule rigide imposé par le nouveau régime instauré par Ben Bella, un fervent partisan du parti unique et un gardien inflexible des valeurs arabes et musulmanes.
La chanson populaire est alors censurée et surveillée de près par les autorités militaires. Il est donc logique que les premières critiques envers l'autoritarisme du nouvel État algérien émanent de France, où de nombreux artistes algériens se sont réfugiés. Les disques d'Azem sont interdits et ne sont diffusés sur aucune station de radio en Algérie. Ses compositions ne peuvent être entendues que pendant l'émission en kabyle sur Radio Paris. Paria en Algérie, le chanteur conserve néanmoins une grande popularité parmi les immigrés kabyles installés dans l'ancienne métropole. Ces derniers apprécient particulièrement les nombreux ouvrages que l'auteur consacre aux souffrances de l'exil. Grand admirateur des contes de La Fontaine, Azem utilise surtout des métaphores animalières. Dans la chanson "Ffeɣ ay ajrad tamurt-iw", il compare les colons européens à des armées de sauterelles qui détruisent les récoltes et sèment la misère sur leur passage. Cette chansons a été interdite (cf. annexe, arrêté du ministère de l'Algérie du 24 juin 1957 portant interdiction de cette chanson.

8- Complète la grille.

Horizontal

2 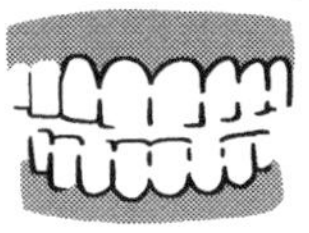

3 

4 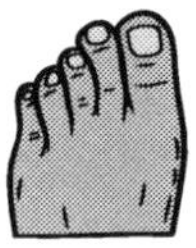

6 

10 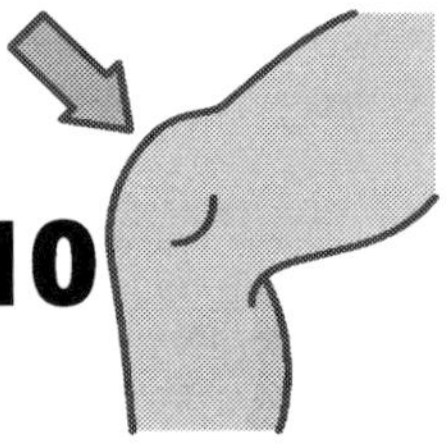

16 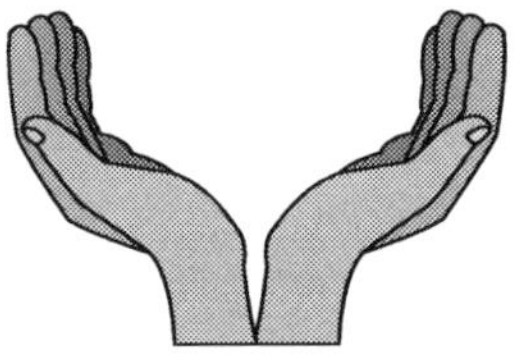

14 

13

Vertical

1 

3 

5 

7 

8 

9 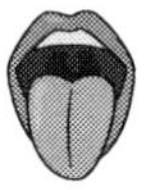

11 

12 

15 

9- Lunja a fugué à cause de sa mère, la redoutable Tteryel, qui est jalouse de sa beauté. Chaque matin, elle demande au miroir : *a lemri, anta i icevḥen ? D nekk neɣ d Lunja?* Et, à chaque fois, le miroir lui répond : *mačči d kemm i icevḥen, d Lunja s tḥennikin-is tixuxiyin d wudem-is imserri, d nettat i d lala-s n tullas !* Lunja a décidé de rejoindre le prince (ageldun) qui voulait l'épouser.
Pour jouer à ce jeu, tu as besoin d'un ou de 2 dés s'il y a 2 joueurs. Tu lances le dé, le nombre obtenu sera le numéro de case (à partir de la case départ). Ecris sous chaque case le nom de la partie du corps humain pour permettre à Lunja d'avancer d'une case. Si tu tombes sur une case déjà barrée, relances le dé. Chaque case barrée vaut un point. Le but est de gagner un maximum de points à la fin du jeu. Ce jeu est chronométré car la méchante Tteryel peut surgir à tout moment et séquestrer Lunja à nouveau. Attention ! Si le dé tombe sur l'une des cases où il y a Tteryel, tu perds un point et tu donnes la main à ton adversaire (si vous jouez à deux).

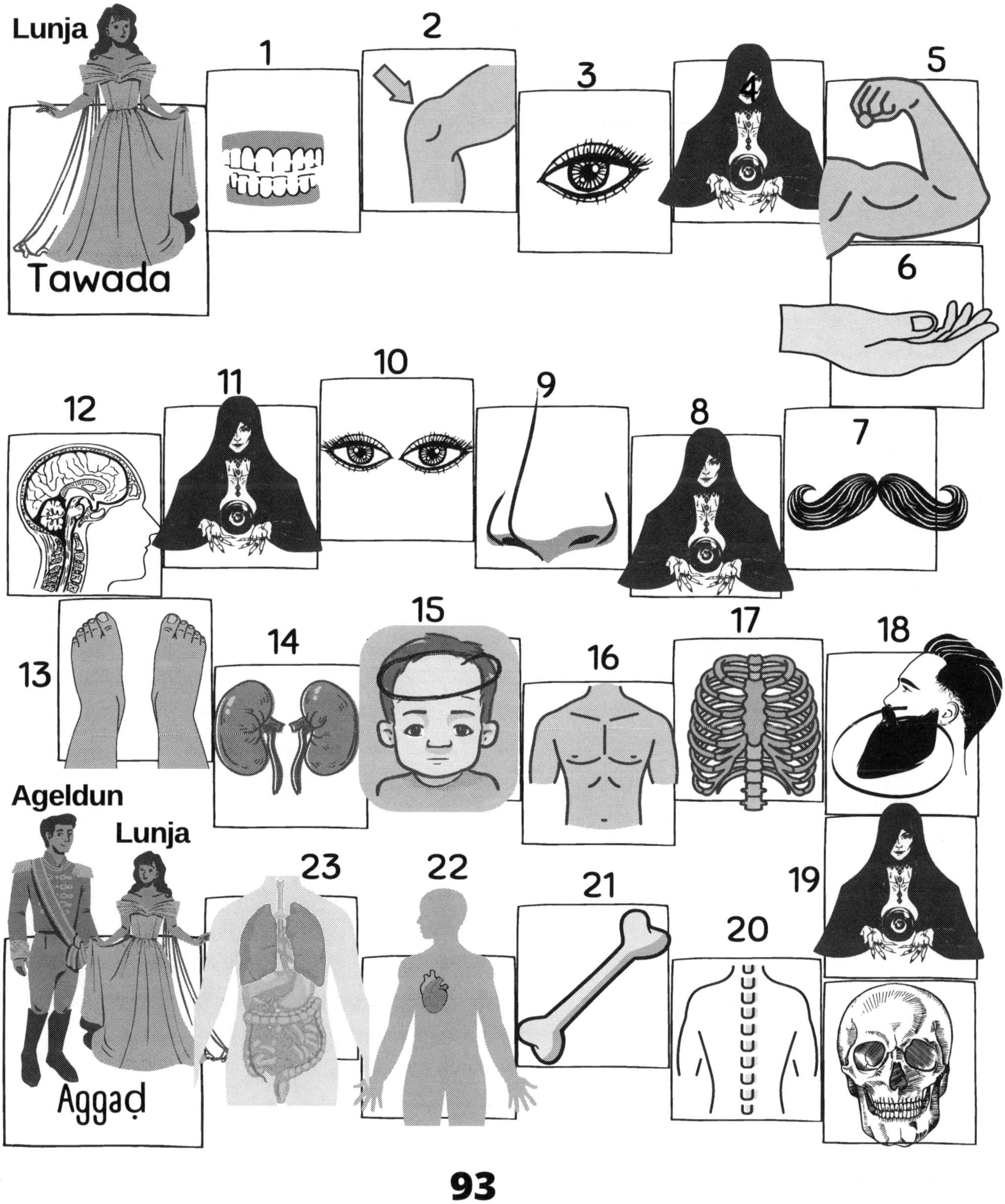

10- Compose des noms de couleurs en kabyle avec ces pièces de scrabble suivantes

Γ_{4} E_{1} A_{1} A_{1} G_{2} Z_{10} G_{2} ....

I_{1} A_{1} E_{1} Q_{10} W_{4} H_{4} ....

W_{4} A_{1} Γ_{4} A_{1} R_{1} ....

$\check{C}_{10}$ A_{1} N_{1} I_{1} I_{1} ....

L_{1} L_{1} L_{1} M_{3} A_{1} A_{1} E_{1} ....

A_{1} A_{1} K_{5} R_{1} N_{1} E_{1} V_{4} ....

X_{8} X_{8} A_{1} U_{1} I_{1} ....

A_{1} A_{1} Z_{10} Z_{10} W_{4} G_{2} E_{1} ....

Nombre de points gagnés : ....

11- Retrouve dans la grille, dans tous les sens, les mots suivants :

Tuggdi	Adal
aɣezfan	Axuxi
Azeggaɣ	Tidet
Awraɣ	Ačini
Aqehwi	Averkan
Amellal	Iɣiɣdi
Azgzaw	Adamdam
Urfan	

I	A	I	A	G	E	A	Ɣ	I	A
D	Ɣ	N	Z	D	Z	N	A	W	M
G	E	I	E	E	A	U	R	H	E
G	Z	D	G	A	R	L	W	E	L
U	F	G	Z	F	Z	E	A	Q	L
T	A	D	A	M	D	A	M	A	A
Ɣ	N	N	W	I	X	U	X	A	L
T	E	D	I	T	I	N	I	Č	A
A	V	E	R	K	A	N	G	Z	A
I	D	Ɣ	I	Ɣ	I	W	[redacted]		

Tafyirt tuffirt ☐☐☐☐☐☐ ☐ ☐☐☐☐☐☐☐

12- A- Nomme ce qu'il y a sur les deux images ensuite ce qu'il y a sur l'une des deux image. Ecris la réponse dans ton cahier. B- Anwa i icevḥen ger sin yirgazen-a ? Acimi ? (B- Qui est le plus beau parmi ces deux hommes ? Pourquoi ? Réponds en kabyle.

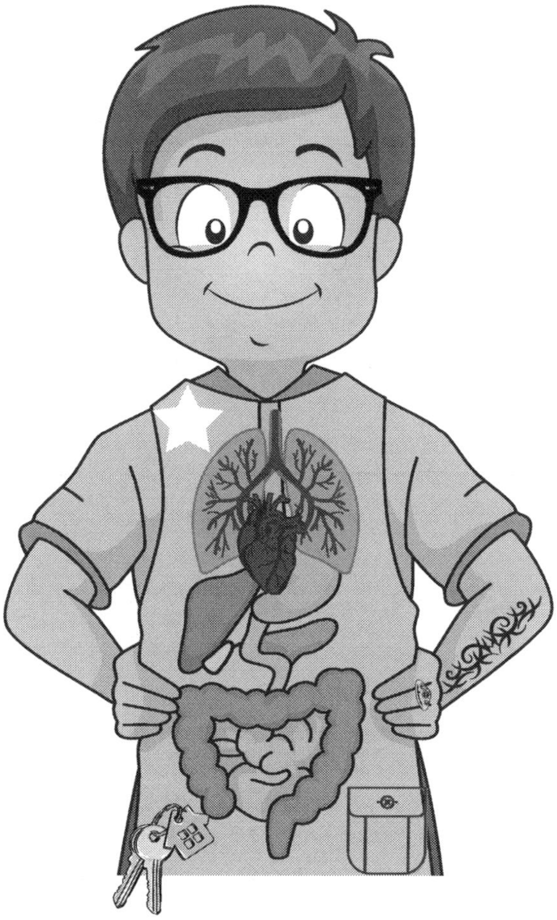

13- Le jeu de "Ma yenna Frawsen, ini".
Si Frawsen ne dit rien, ne dis rien toi non plus !
Frawsen ur yenni ara : .... ; ini : *ulac !*

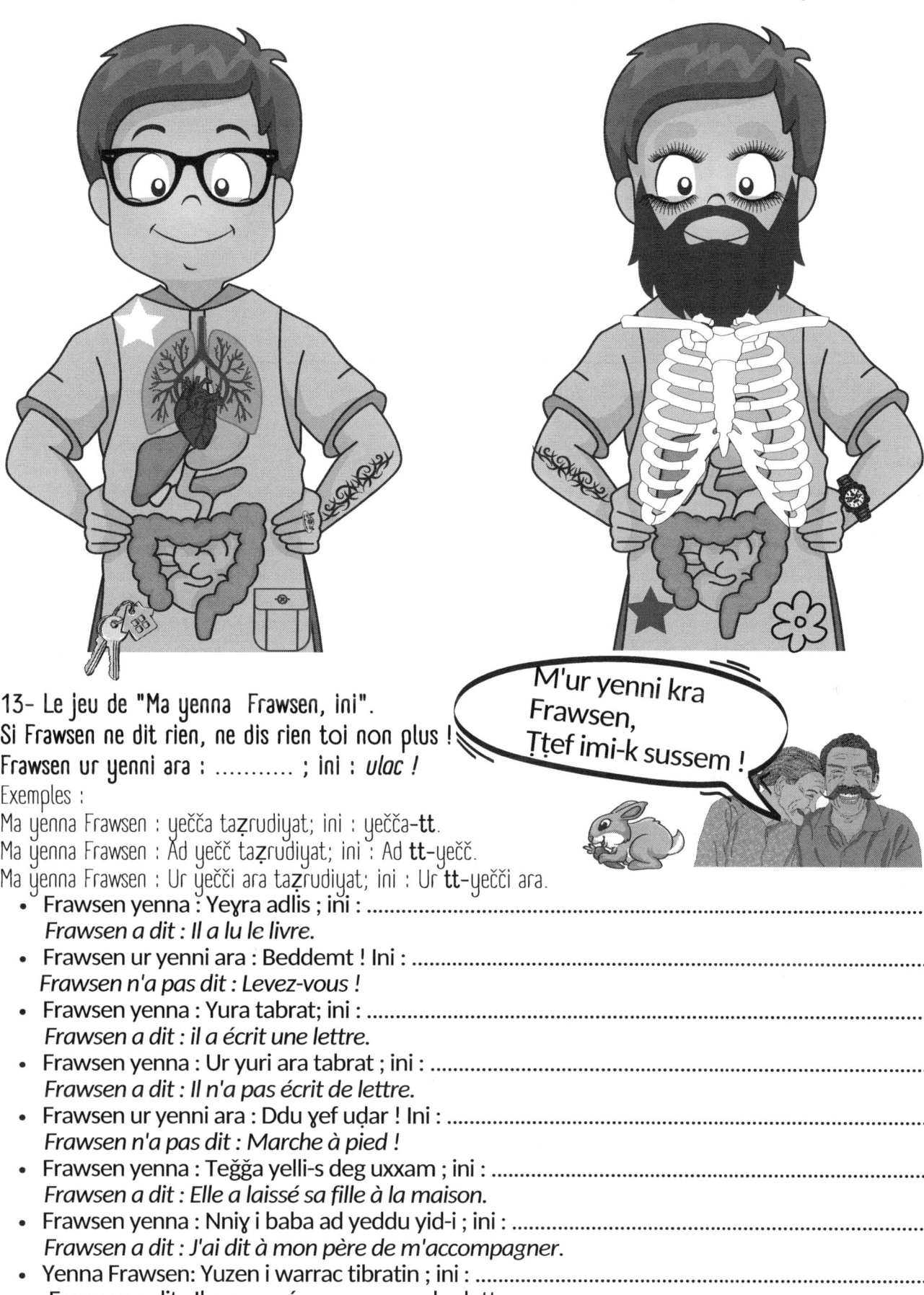

M'ur yenni kra Frawsen, Ṭṭef imi-k sussem !

Exemples :
Ma yenna Frawsen : yečča taẓrudiyat; ini : yečča-**tt**.
Ma yenna Frawsen : Ad yečč taẓrudiyat; ini : Ad **tt**-yečč.
Ma yenna Frawsen : Ur yečči ara taẓrudiyat; ini : Ur **tt**-yečči ara.

- Frawsen yenna : Yeɣra adlis ; ini : ....
  Frawsen a dit : Il a lu le livre.
- Frawsen ur yenni ara : Beddemt ! Ini : ....
  Frawsen n'a pas dit : Levez-vous !
- Frawsen yenna : Yura tabrat; ini : ....
  Frawsen a dit : il a écrit une lettre.
- Frawsen yenna : Ur yuri ara tabrat ; ini : ....
  Frawsen a dit : Il n'a pas écrit de lettre.
- Frawsen ur yenni ara : Ddu ɣef uḍar ! Ini : ....
  Frawsen n'a pas dit : Marche à pied !
- Frawsen yenna : Teǧǧa yelli-s deg uxxam ; ini : ....
  Frawsen a dit : Elle a laissé sa fille à la maison.
- Frawsen yenna : Nniɣ i baba ad yeddu yid-i ; ini : ....
  Frawsen a dit : J'ai dit à mon père de m'accompagner.
- Yenna Frawsen: Yuzen i warrac tibratin ; ini : ....
  Frawsen a dit : Il a envoyé aux garçons des lettres.

14- Le jeu de "Ma yenna Frawsen, ini".

Exemples : Ma yenna Frawsen : yeǧǧa-d baba idrimen;
Ini : Ur d-yeǧǧi ara idrimen. Ad d-yeǧǧ idrimen.

- Frawsen yenna : Yusa-d gma ; ini : ....
  Frawsen a dit : Mon frère est venu.
- Frawsen ur yenna ara : Teǧǧa-t-id yemma-s deg uxxam ! Ini : ....
  Frawsen n'a pas dit : Sa mère l'a laissé à la maison.
- Frawsen ur yenni ara : turarem ddavex ; ini : ....
  Frawsen n'a pas dit : vous avez joué au ballon.
- Frawsen yenna : Tuwim-asen-d gma-tsen ; ini : ....
  Frawsen a dit :Vous leur avez ramené leur frère.

15- Le jeu de "Ma yenna Frawsen, ini".

Exemples : Ma yenna Frawsen : yeǧǧa-d baba idrimen **i warraw-is** ;
Ini : Yeǧǧa-y**asen**-d baba **idrimen**. Yeǧǧa-**ten**-id i warraw-is.
Yeǧǧa-y**asen-ten**-id.

- Frawsen yenna : Tayaziḍt turew-d tamellalt. *La poule a pondu un oeuf.*
- Frawsen yenna : Agrud yečča aɣrum. *L'enfant a mangé le pain (la galette).*
- Frawsen yenna : Kksen i uɣref izerfan-is. *Ils ont spolié le peuple de ses droits.*
- Frawsen yenna : Uwiɣ-d agazu n tẓurin i yemma. *J'ai apporté une grappe de raisin à ma mère.*

16- Le jeu de "-d/id" ou "-n/-in".

D Salas i yettmeslayen. Utilise l'une des 2 particules d'orientation "-d" ou "-n". **Ex.** Ruḥeɣ s axxam-im ---- Réponse: Ruḥeɣ-**n.**

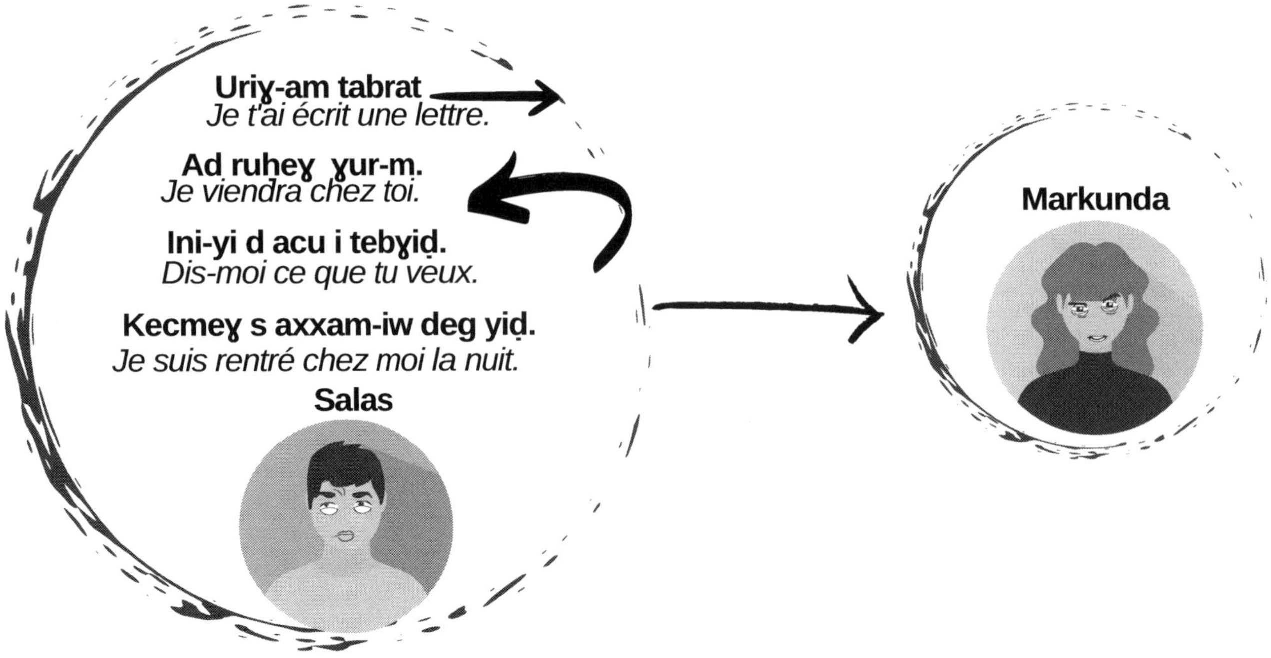

Uriɣ-am tabrat
Je t'ai écrit une lettre.
Ad ruḥeɣ ɣur-m.
Je viendra chez toi.
Ini-yi d acu i tebɣiḍ.
Dis-moi ce que tu veux.
Kecmeɣ s axxam-iw deg yiḍ.
Je suis rentré chez moi la nuit.
Salas
Markunda

Phonétique

Rythme et intonation

1-Ecoutez et répétez les dialogues en respectant les groupes rythmiques et l'intonation.

2 syllabes	3 syllabes	4 syllabes
« Amek ? » *(Comment?)* -Akka. *(Comme ça.)* « Anda ? » *(Où?)* -Dihin. *(Là-bas.)* « Anwa ? » *(Qui?)* -D nekk. *(C'est moi.)*	« Acḥal ay-a » ? *(Depuis quand?)* -Seg yiḍelli.*(Depuis hier.)*[g'iḍelli] « Amek iga ? » *(Comment il est?)* -D aɣezfan. *(Il est long.)* «Igerrez ! » *(C'est très bien!)* -Tanemmirt ! *(Merci!)*	« Amek akka !? » *(Comment ça?)* -Netta akka. *(Lui est ainsi.)* « Acḥal teswa ? » *(Combien elle coûte)* -Γlayet aṭas. *(Elle coûte cher.)* « D aneggaru ? » *(Il est dernier?)* -D amezwaru. *(Il est premier.)*

2-Ecoutez et répétez les phrases exclamatives avec l'intonation proposée.

Ay tecbeḥ yelli-twen ! Ay akken yemɛen mmi-m ! D tasekkurt ! D ayen yessewhamen ! Ulac am kečč !	*Comme elle est belle votre fille !* *Qu'est-ce qu'il est poli votre fils !* *C'est une perdrix ! (Elle est trop belle !)* *C'est incroyable ! (C'est extraordinaire !)* *Il n'y a pas deux comme toi !*
Acḥal ɣlay ! Ddu ssya ! Berka asfuğeɣ ! Aḥlil ! Ur zmireɣ ad ttekleɣ fell-ak ! Ccah ! Tewwiḍ-tt-id s ufus-ik !	*Qu'est-ce qu'il est cher !* *Dégage !* *Cesse de dire n'importe quoi !* *Purée ! Je ne peux pas te faire confiance !* *Bien fait ! Tu m'as bien cherché !*
Tanemmirt tameqqrant ! Ulac uɣilif, a gma ! Amulli ameggaz ! Aseggas ameggaz ! Ayyuz ! Tufiḍ-d tiririt ! Ay akken i k-ḥemmleɣ ! Γaya-t ! Acekk-it !	*Merci beaucoup !* *Il n'y a pas de quoi, mon frère !* *Joyeux anniversaire ! Heureuse année !* *Bravo ! Tu as trouvé la réponse !* *Qu'est-ce que je t'aime !* *Il est magnifique !* *Il est trop bon !*
Aɛeqq ! A winnat, arğu-yi ! Aha tura ɣseb ! Ayhuh ! Anect-ila-t ! Ccet, sussem ! Teɣriḍ adlis-nni, yak !?	*Beurk !* *Hé ! toi, attends-moi !* *Allez, dépêche-toi maintenant !* *Eh bah ! Qu'est-ce qu'il est grand !* *Chut ! Tais-toi !* *Tu as lu, ce livre-là, n'est-ce pas !?*

UNITÉ 7

Parler de l'avenir

Ger tamawt *Ecoute l'audio de cette B.D. et répète les répliques*

MYUFAN WULAWEN

Nadi *D'après cette BD, comment on dit en kabyle :*

1- Que vas-tu faire demain?
2- M'accompagnes-tu à Gouraya?
3- Je suis occupé(e)
4- Demain, après-midi, la nuit.
5- Dis à Yuva de t'accaompagner.
6- Demain, je devrai terminer la lecture du livre que j'ai commencé aujourd'hui.
7- Je n'ai pas parlé avec toi !!!
8- Beaucoup.
9- Que dirais-tu de m'accompagner demain?
10- Oui !!! J'attends depuis longtemps que tu m'invites !
11- Merci d'accepter de m'accompagner, Ghilas!
12- Il a refusé de m'accompagner.

Mmeslay *Des outils pour t'exprimer :*

Parler du futur proche

① Questionner

- **D acu ara txedmeḍ tameddit-a ?**
- **Ad tedduḍ yid-neɣ azekka ?**
- **Ad nruḥ ɣer Tigzirt ?**
- **D acu ara nexdem iḍ-a ?**
- **Ad d-tasem ɣer tmeɣra n gma ?**

- Que vas-tu faire cet après-midi?
- Vas-tu venir avec nous demain ?
- Irons-nous d à Tigzirt ?
- Que vas-tu faire ce soir ?
- Viendrez-vous à la fête de mon frère?

② Répondre

- **Nekk ad qqimeɣ deg uxxam.**
- **Nekk d tmeṭṭut-iw ad nawi arraw-nneɣ ad ɛummen.**
- **Ur ẓriɣ ara.**
- **Ad ruḥeɣ ahat ad azleɣ.**
- **Ihi xaṭi !? Ih, ad dduɣ yid-wen !**
- **Azekka, ad rzuɣ ɣef yimawlan-iw.**

- Moi, je resterai à la maison.
- Moi et ma femme emmenons nos enfants nager.
- Je ne sais pas.
- J'irai peut-être courir.
- Bien sûr ! Oui, je viendrai avec vous !
- Demain, je rendrai visite à mes parents.

Situer un événement dans le futur proche :
tameddit-a (cette après-midi), iḍ-a, azekka, sellazekka, smana i d-iteddun, aggur i d-iteddun, akka d asawen, taggara n ddurt i d-iteddun, ssebt i d-iteddun, gar-aneɣ d 10 ddqayeq, gar-aneɣ d sin wussan...

Parler du futur

① Questionner

- **D acu i tebɣiḍ ad tuɣaleḍ ɣer temɣer-ik?**
- **Melmi ara tzewǧeḍ ?**
- **Melmi ara tfakkeḍ leqraya ?**
- **Melmi ara taɣeḍ axxam ?**

- Que veux-tu devenir quand tu seras grand?
- Quand te marieras-tu ?
- Quand finiras-tu tes études ?
- Quand achèteras-tu une maison ?

② Répondre

- **Bɣiɣ ad uɣaleɣ d amsujjay (ṭviv) m'ara iliɣ d ameqqran.**
- **Ad zewǧeɣ qabel.**
- **Ad ggaǧeɣ gar-aneɣ d 3 iseggasen.**
- **Ad ṭixreɣ seg uxeddim-a.**
- **Ad teggaǧeḍ sya d sin iseggasen.**

- Je veux devenir médecin quand je serai grand.
- Je me marierai l'an prochain.
- Je déménagerai d'ici à 3 ans.
- Je démissionnerai de ce travail.
- Tu déménageras d'ici à deux ans.

Situer un événement dans le futur (l'avenir) :
Qavel, wabel, gar-aneɣ d 5 iseggasen, akka d asawen, gar-aneɣ d 10 iseggasen, m'ara tuɣaleḍ d ameqqran, ...

⚠ **Tu l'auras deviné, on emploie "ad+aoriste" pour exprimer aussi bien le futur proche que le futur lointain.**

Idles

La chanson kabyle, c'est quoi ?

Cet article n'a la prétention d'être exhaustif. Il vise simplement à donner aux élèves une idée sur ce genre de chanson. C'est aussi un moyen parmi d'autres d'apprendre une langue. Nous nous excusons, donc, auprès des chanteurs et chanteuses que nous avons omis de citer.

Les musiques kabyles sont diverses et variées, allant de la musique classique (ex. Chérif Kheddam) au Rock'n'roll (ex. Les Abranis) en passant par le folklore (ex. Chérifa) et la musique populaire (Ex. Allaoua Zerrouki). Ce qui la distingue c'est notamment l'instrumentation et ce qu'elle dégage comme âme caractéristique de l'inconscient collectif kabyle.

Parmi les plus anciens chanteurs kabyles, on peut citer Cherif Kheddam, Kamel Hamadi, Cheikh El Hasnaoui, Mhenni Amroun, Allaoua Zerrouki, Cheikh Arav Bouzgarene, ...

Les thématiques qu'ils abordent dans leurs chansons ont généralement un rapport avec leur condition d'émigrés, comme l'exil, le chagrin d'amour dû à la séparation avec leurs dulcinées restées en Kabylie, leur attachement au pays natal, etc.

Les sujets politiques sont des invariants chez l'écrasante majorité des chanteurs, des anciens jusqu'à la génération actuelle. Néanmoins, il existe des chanteurs plus engagés ayant été emprisonnés, exilés ou tout au moins ostracisés. On peut citer parmi eux : Ferhat Mehenni, Lounes Matoub, Slimane Azem, Idir, Lounis Ait-Menguellet, Oulahlou, etc. Matoub a même été kidnappé par les terroristes (en 1994) et assassiné (1998), comme on le sait tous.

Les chanteuses sont également fort nombreuses : Chérifa, Ḥ'nifa, Nouara, Zohra, Malika Domrane, Yasmina, groupe Djurdjura, Noura, Souad Massi, Amel Brahimi-Djelloul, Stina, Bahia Farah, Drifa, Nabila Dali, Uli Rohde, Nadia Baroud, Nadia At-Mansour, Taos Arhab, Taos Amrouche, Anissa, Massa Bouchafa, Karima, Aldjia, Mila, Louiza, Taous, Anissa, Zahra N'Summer, Lycia Nabeth, Mucat, Lifa Hennad, Djamila, Lydia, Taninna, Tayacout, Noria, Dihia, Tenna, Malika Yani, Tifirellas n Yigenwan, ...

Les chanteurs dits modernes ont apporté de la nouveauté notamment au niveau de l'orchestration et des genres musicaux (Rock, World Music, Blues, Rap,..), comme Ali Amrane, Akli D., Sidi Bemol, Brahim Izri, Djamel Allam, Ideflawen, les Abranis, Tagrawla, Meksa, Brahim Tayeb, Ines Mezel, Madjid Soula, Inasliyen, Zayen, Zimu, Chenoud, Kaky Ararby, Gaboné, Karim OSM, AmZik, Lvachir Vouchlaghem ...

Toutefois, les musiques les plus répandues sont le folklore kabyle et *Aẓawan aɣerfan*, (musique populaire). A une exception près, les chanteurs de cette trempe mêlent les deux genres musicaux. On trouve dans cette catégorie: Zedek Mouloud, Hakim Tidaf, Kheloui Lounes, Cherif Hamani, Kamel Raiah, Hacène Ahres, Amar Kobbi, El-Ghazi, Lani Rabah, Hamid Matoub, Bouhi, Cheikh El Mehdi, Ait-Meslayen, Farid Ferragui, Salah Sadoui, Taleb Rabah, Akli Yahiaten, Djaffar Ait-Menguellet, Medjahed Hamid, Samy El-Djazairi, Youcef Abedjoui, Azerzour, Kaci Abedjaoui, Rabah Asma, Karim Tizouiar, Takfarinas, Allaoua, Boudjemaa Agraw, Amour Abdenour, Fahem, Farid Gaya, Rahim, Hamidouche, Kamel Igman, Ouazib, Ali Ferhati, Massi, Mekhlouf, Guerbas, Kaci et Loualia Boussad...

En résumé, les mélomanes kabyles, dans leur majorité, ont un penchant plutôt pour la chanson à texte et engagée. Certains chanteurs vont piocher dans les textes des poètes kabyles anciens, comme Si Mohand Ou Mhand, Cheikh Mohand Ou Lhoucine, Youcef Oukaci, Yemma Khlidja Tukrift, Lvachir Amellah, etc.

Tajerrumt

La phrase : types et formes

Les types de phrases dépendent, à l'écrit, de la ponctuation et, à l'oral ,de l'intonation.
Ex. Uwḍen-d yinebgawen. *Les invités sont arrivés.*
Uwḍen-d yinebgawen? *Les invités sont arrivés ?*
Uwḍen-d yinebgawen! *Les invités sont arrivés !*

La question totale (question à réponse par oui ou non) peut se suffire de l'intonation montante propre à l'interrogation. **La question partielle**, quant à elle, elle est constituée d'un mot interrogatif (cf. Encadré ci-dessous) suivi d'une proposition relative et les affixes du verbe qui sont toujours placés avant le verbe.

Ex. **Acimi i** as-t-id-uwin ? *Pourquoi ils le lui ont apporté ?*
Acimi ara as-t-id-uwin ? *Pourquoi ils le lui apporteront ?*

Au futur (ad + aoriste) *i* devient *ara* et *ad* disparaît (en fait *i* + *ad* donne *ara*)

La forme négative de la phrase verbale se construit en encadrant le verbe des deux éléments "ur" et "ara". D'autres mots peuvent aussi servir à exprimer la négation.
Ex. **Werğin** walan-t. *Ils ne l'ont* ***jamais*** *vu.*
Ur yečči (ula d) **kra**. *Il n'a* ***rien*** *mangé.*
Ur nufi **ula d yiwen**. *On n'a trouvé* ***personne***.

Il suffit de l'**intonation exclamative** pour transformer une phrase de type déclaratif ou interrogatif en **énoncé excamatif**. Exemple:
Imyurar kecmen ɣer unnar. Imyurar kecmen ɣer unnar **!** Imyurar kecmen ɣer unnar **!?**
Les joueurs sont entrés sur le terrain. Les joueurs sont entrés sur le terrain ! Les joueurs sont entrés sur le terrain !?
Il existe également des outils exclamatifs, tels que *ay, i, akken, ack, arezg, aḥlil, yiwet, yiwet, kra.*
Ex. Ay temleḥ ! *Qu'est-ce qu'elle est charmante !*

Mots interrogatifs.

Anwa	*Qui (sing. masc.)*
Anwi	*Qui (pl. masc.)*
Anta	*Qui (sing. fém.)*
Anti	*Qui (pl. fém)*
Acu	*Quoi*
Anda	*Où*
Melmi	*Quand*
Amek	*Comment*
Acḥal	*Combien*
Acimi	*Pourquoi*
S wayes	*Avec quoi*
D wanwa	*Avec qui*
I wanwa	*Pour qui*
Wuɣur	*Chez qui*
Ɣef wacu	*Sur quoi*

Quelques exclamations

Ah !?	*Quoi !?*
Aha !	*Vas-y !*
Aham !	*Allez-y !*
Ahamt.	*Allez-y !*
Gedha !	*Félicitations !*
Ah ah !	*Non !*
Ccah !	*Bien fait !*
Ayhuh	*A ce point !*
Aḥlil !	*Fin donc !*
Cic !	*Chich !*
Akka ih !	*Cause toujours !*
Ay axeṣṣar !	*Zut !*
Tfuh !	*Pouah !*
Ay agejdur !	*Foin ! Oh ! La vache !*
Ɛeqq !	*Beurk !*
Ay ahruḥu	*Sauve qui peut !*

L'impératif

Il existe deux types d'impératifs : l'**impératif simple** et l'**impératif intensif**. Ce dernier exprime un ordre qui doit s'exécuter de manière répétitive, continuelle, etc. Les deux types d'impératifs ont **la même forme négative**.

Ex.

Impératif simple		Impératif intensif		Impératif négatif	
awi	*apporte*	ttawi	*apporte habituellement*	ur ttawi ara	*n'apporte pas*
awit	*apportez* (masc.)	ttawit	*apportez habituellement* (masc.)	ur ttawit ara	*n'apportez pas* (m.)
awimt	*apportez* (fém.)	ttawimt	*apportez habituellement (fém.)*	ur ttawimt ara	*n'apportez pas* (fém.)

Le participe

Il existe **3 types de participes** : le participe aoriste, le participe aoriste intensif et le participe prétérit. Le participe est toujours invariable à toutes les personnes. Les 3 participes se construisent respectivement sur les radicaux de l'aoriste, l'aoriste intensif et le prétérit. Les indices du participe sont "**i/y—n**". Il y a **2 formes négatives du participe** : le participe prétérit négatif et le participe aoriste intensif négatif. Les indices du participe sont "**n—**".

Ex. Le verbe "af" (trouver)

Participe aoriste
"ara" **y**afe**n** *qui trouvera...*

Participe aoriste intensif
"i/ara" **y**ettafe**n** *qui trouve...*

Participe prétérit
"i" **y**ufa**n** *qui a trouvé...*

Participe aoriste intensif négatif
ur **n**ettaf ara *qui ne trouve pas...*

Participe prétérit négatif
ur **n**ufi ara *qui n'a pas trouvé...*

- On peut ajouter l'optatif négatif qui s'obtient avec la particule "**awer**" (ad + ur) et l'aoriste.
  Ex. Ad yečč. *Il mangera.* Awer yečč. *Qu'il ne mange pas !*
- Tu l'auras compris, les formes verbales se forment sur les radicaux des 4 thèmes : l'aoriste, l'aoriste intensif, le prétérit ou le prétérit négatif.

Les dérivés du verbe

La dérivation s'obtient par l'ajout d'un préfixe à la forme simple du verbe. Il y a 3 formes verbales dérivées : le **factitif** (préfixe : **s-**), le **réciproque** (préfixe : **m-, my-**) et le **passif** (préfixe : **tt, ttwa, mm**). Les formes dérivées se conjuguent comme des verbes ordinaires.

Ex.

Factitif
"Kcem" *entrer* : **s**ekcem *faire entrer*

Réciproque
"Xẓer" (regarder) : **My**exẓaren *Ils se sont regardés mutuellement*

Passif
"Rfed" *prendre* : Ye**ttwa**rfed. *Il est pris.*

Les dérivés nominaux du verbe

Les noms dérivés du verbe sont **le nom d'action, le nom concret/abstrait, le nom d'agent, le nom d'instrument et l'adjectif**. Tous les verbes ont un nom d'action. Le nom d'action, c'est le fait de réaliser ou de subir une action exprimée par le verbe. Ce nom peut avoir parfois un sens concret ou abstrait. Le nom d'agent s'obtient par la préfixation de *m-*. Le nom d'instrument se forme en ajoutant le préfixe *s-*.

Ex.

Nom d'action
"Ffer" se *caher* — tuffra *Le fait/ l'action de se cacher*
"Urar" jouer — urar *Le jeu (game)*

Le nom concret ou abstrait
"Gmer" *cueillir* — agmar *action de cueillir*
"Urar" *jouer* — turart *l'idée de jouer : play*

Nom d'agent
"Aggad" *avoir peur* — amaggad *Le peureux*

Le nom d'instrument
"Agem" *puiser* — asagem *cruche*

Adjectif
"Ibrik" *être noir* — averkan *noir*

Les verbes d'état

Exemples de verbes d'état ou de qualité : **imɣur** (grandir), **iẓid** (être doux, sucré), **ihriw** (être large), **irqiq** (être mince, maigre), **ivrik** (noircir), **imlul** (blanchir), **iwriɣ** (jaunir), **izwiɣ** (rougir), **iwzil** (être court), **uzur** (être gros, épais), **ismiḍ** (être froid, frais), **aẓay** (être lourd), **iɣzif** (être long)...
Au prétérit, les formes conjuguées de ces verbes n'ont pas d'indices de personnes préfixés, ont le même indice (-it) à toutes les personnes du pluriel et n'ont pas d'indice du tout à la 3e personne du singulier masculin. Hormis le prétérit, ces verbes se conjuguent comme des verbes ordinaire.

Ex.

Imlul (verbe d'état) :	mellule**ɣ**	mellule**ḍ**	mellul	mellul**et**	mellul**it**	mellul**it**	mellul**it**	mellul**it**	mellul**it**
Urar (verbe ordinaire) :	urare**ɣ**	**t**urare**ḍ**	**y**urar	**t**urar	**n**urar	**t**urare**m**	**t**urare**mt**	urare**n**	urare**nt**.

Exemple de tableau de conjugaison

Verbe : Rfed (soulever), verbe de structure C1C2eC3 (*)

Aoriste	Aoriste intensif	Prétérit	Prétérit négatif
(Ad) **refd**eɣ	**reffd**eɣ	**refd**eɣ	ur **rfid**eɣ ara
(Ad) t**refd**eḍ	t**reffd**eḍ	t**refd**eḍ	ur te**rfid**eḍ ara
(Ad) i**rfed**	i**reffed**	i**rfed**	ur i**rfid** ara
(Ad) te**rfed**	t**reffed**	te**rfed**	ur te**rfid** ara
(Ad) ne**rfed**	n**reffed**	ne**rfed**	ur ne**rfid** ara
(Ad) t**refd**em	t**reffd**em	t**refd**em	ur te**rfid**em ara
(Ad) t**refd**emt	t**reffd**emt	t**refd**emt	ur te**rfid**emt ara
(Ad) **refd**en	**reffd**en	**refd**en	ur **rfid**en ara
(Ad) **refd**ent	**reffd**ent	**refd**ent	ur **rfid**ent ara

Participe prétérit	Participe aoriste	Participe aoriste intensif
i**refd**en	(ara) i**refd**en	i**reffd**en

Participe prétérit négatif	Participe aoriste intensif négatif
(ur) ne**rfid**	(ur) n**reffed**

Abréviations: **C** : consonne **V**: voyalle **"e"**
Les verbes de type **C1C2eC3** comme RFeD se conjuguent de la même façon.
Ex. **vhet** (être étonné), **gzem** (couper), **jved** (tirer vers soi), **kref** (être engourdi, paralysé), **lḥes** (lécher), **kmec** (être ratatiné), **kmez** (gratter), **jɣem** (boire une gorgée), **lmed** (apprendre), **mger** (moissoner), **rkeḍ** (piétiner), **zgel** (rater)...

Impératif	Impératif intensif
Rfed	**reffed**
Refdet /**Refd**em	**Reffd**et/**Reffd**em
Refdemt	**Reffd**emt

Amawal

Isaduren- Les métiers

- **Amaru** Ecrivain
- **Amedyaz** Poète
- **Anaẓur** Artiste
- **Tacennayt** Chanteur
- **Taselmadt** Enseignante
- **Abugaṭu / amastan** Avocat
- **Lqaḍi / Anezzarfu** Juge

- **Asertan** Homme politique
- **Taneɣmast** Journaliste
- **Ameɣnas** Militant
- **Apulis / Amsaltu** Policier
- **Ağadermi / Amestul** Policier
- **Asexsay** Pompier
- **Aεessas** Surveillant

- **Afacktur** Facteur
- **Amsujjay / Ṭviv** Médecin
- **Tafremlit** Infirmière
- **Ajenyur** Ingénieur
- **Anelmad** Etudiant
- **Tamenhart** Chauffeuse
- **Amyurar** Joueur

- **Amniwel** Cuisinier
- **Aqeddac** Serveur
- **Akewwac** Boulanger
- **Agezzar** Boucher
- **Ameksa** Berger
- **Afellaḥ, akerraz** Cultivateur

- **Asebbaɣ** Teinturier Peintre
- **Tareqqamt** Décoratrice
- **Taḥeffaft / Tanersamt** Coiffeuse
- **Aḥeddad** Forgeron
- **Amnay** Cavalier
- **Aseḥḥar** Magicien
- **Amessal** Potier

- **Azeddam** Bûcheron
- **Aneğğar** Menuisier
- **Axeggaḍ / Agennay** Tailleur, couturier
- **Axerraz** Cordonnier
- **Abennay** Maçon
- **Amliwi** manœuvre
- **Amεellem** Patron

LMED S WURAR !

Apprends en jouant !

1- Rassemble les cartes qui vont ensemble.

- 13 Acimi
- 5 Anwa
- 4 Quoi
- 12 Pourquoi
- 3 Anda
- 13 Avec quoi
- 8 Melmi
- 2 Où
- 1 Qui
- 7 Amek
- 9 Comment
- 10 Quand
- 6 Acu
- 14 S wayes

2- Lance chaque boule dans son seau.

1 tturaren	2 walan	3 ur tekcim	4 treffu	5 rfan	6 ttawiɣ	7 Ad iniɣ	8 ur yenni .....
9 ad anfen	10 ur unifen	11 unfen	12 ttanfen	13 ttanfent	13 tettalid	14 mlaleɣ	15 ad mlileɣ .....

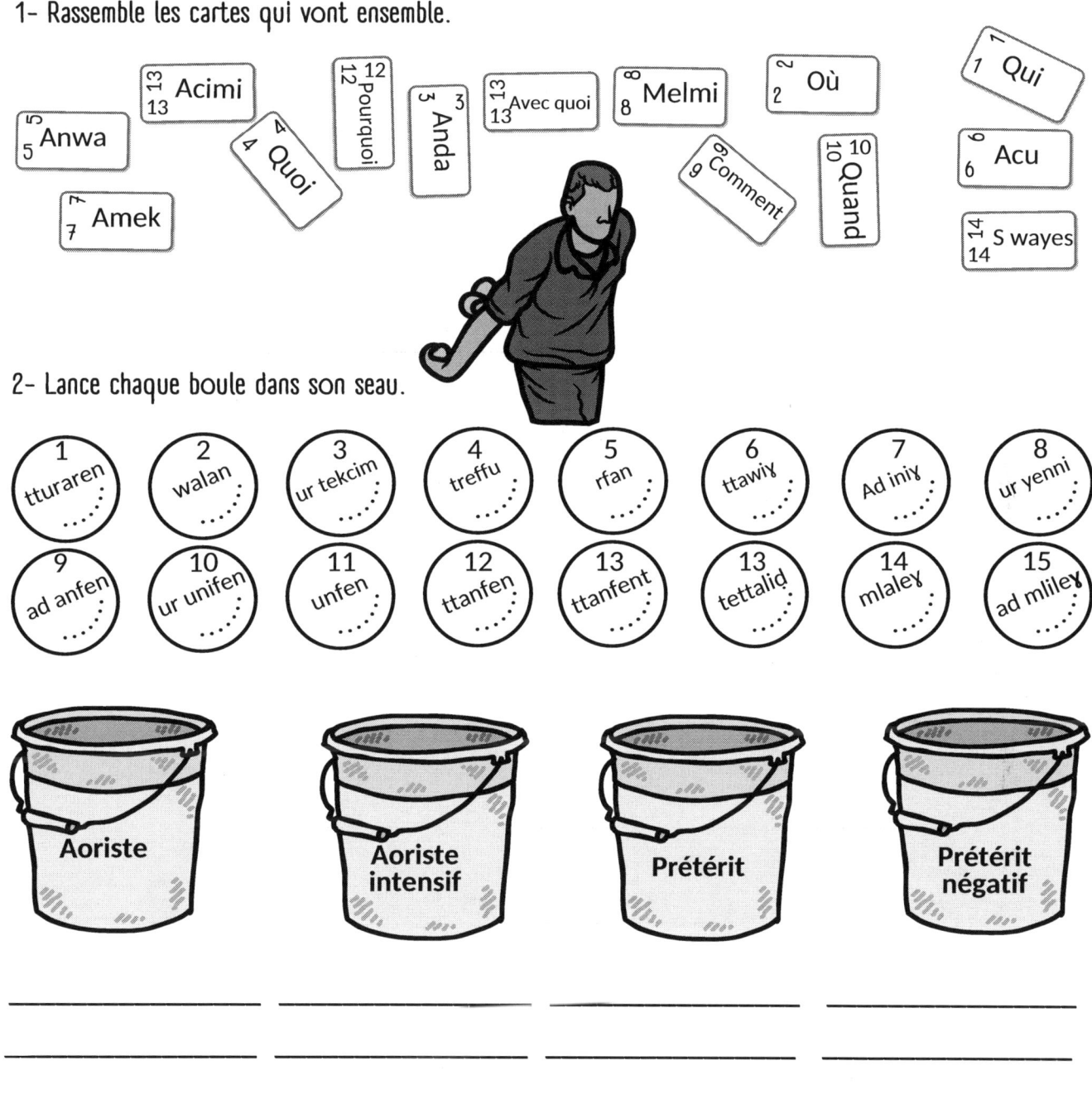

________	________	________	________
________	________	________	________
________	________	________	________
________	________	________	________

2- Ordonne les lettres suivantes pour écrire des noms de métiers.

1	i	ğ	ğ	a	a	g	e	z	z	a	r	m
2	a	m	a	r	u	a	m	e	d	y	a	z

3	ɛ	č	a	k	e	w	w	a	c	ḍ	e	s
4	a	z	r	e	m	a	q	e	d	d	a	c
5	a	ɛ	e	s	s	a	s	ɛ	a	ẓ	a	r
6	r	f	e	d	a	r	e	q	q	a	m	i
7	a	n	e	ğ	ğ	a	r	y	e	ɣ	r	a
8	i	s	s	i	n	a	z	e	d	d	a	m
9	a	s	e	b	b	a	ɣ	t	e	d	d	a
10	a	m	n	a	y	a	m	e	s	s	a	l

3- Cette fille a apporté un panier rempli de phrases en langue kabyle qu'elle a apprises. Elle est fière et court les montrer à ses parents mais elle tombe et tous les mots se mélangent. Elle est très triste et te supplie de l'aider à les remettre en ordre. Voudrais-tu lui donner un coup de main et lui rendre le sourire ?

a- ččeɣ ad vɣiɣ lluẓeɣ.

b-sweɣ ad vɣiɣ ffudeɣ.

c- deg yiḍ Waɣzen ttaggadeɣ.

d- yid-i tedduḍ Ad azekka udrar ɣer.

e- imakaren Γucceɣ yikeddaven d.

f- usemmiḍ yenɣa-kem ad telseḍ ilaq takebbuḍt.

g- ad imensi teččeḍ ɣur-i Vɣiɣ.

h- ad ad ad nmerreḥ nruḥ tedduḍ.

i- ḥemmleɣ adfel meɛna ɣucceɣ asemmiḍ.

j- yid-wen ad nezmer nurar .

k- stufaɣ ur azekka tameddit ara.

l- Ilaq ad akken nemqaddar ad nidir lwaḥid.

m-imi yi-d-tɛerḍeḍ Tanemmirt ur meɛna stafeɣ ara.

n- Ur ilaq lvaṭel ara neqvel ad.

o- Ur nteffeɣ axeddim-nneɣ ara arma nfukk.

4- Jeu de "*Deg umiṭru daxel Udervuz*" (litt. dans le métro à l'intérieur du trou). Tu es étudiant d'origine kabyle nouvellement inscrit en licence en mathématiques à l'université Paris 8. Tu loues une chambre à Varenne et tu as certainement besoin d'argent pour payer ton loyer en attendant de trouver un travail. Bonne nouvelle ! J'ai une solution pour toi ! En participant à ce jeu, tu pourras générer des sous. Tu te demandes, sans nul doute, en quoi cela consiste hormis le fait que le nom de ce jeu te rappelle une chanson de Slimane Azem (*).
C'est simple : un matin, tu prends le métro pour aller à l'université. Aux stations numérotées sur le plan ci-dessous, d'ancien(ne)s étudiant(e)s kabyles montent et converse avec toi. Comme tu es de nature taciturne, tu dois tout simplement participer à ces conversations et à chacune de tes répliques, tu gagnes 5 points !
A la fin du jeu, tu appliques cette formule pour convertir tes points en euros.

$$F(x) = y + p + 51$$

F(x) est la somme d'argent gagnée; *y* est le total des points gagnés; *p* est le nombre de personnes rencontrées.
Ex. Tu as gagné 50 points et tu as rencontré 10 personnes.
Donc f(x) = 50 + 10 + 60 = 120 euros. Tu vas donc empocher 120 euros !

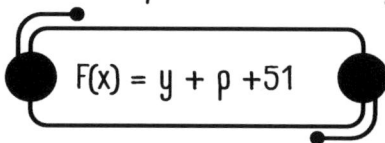

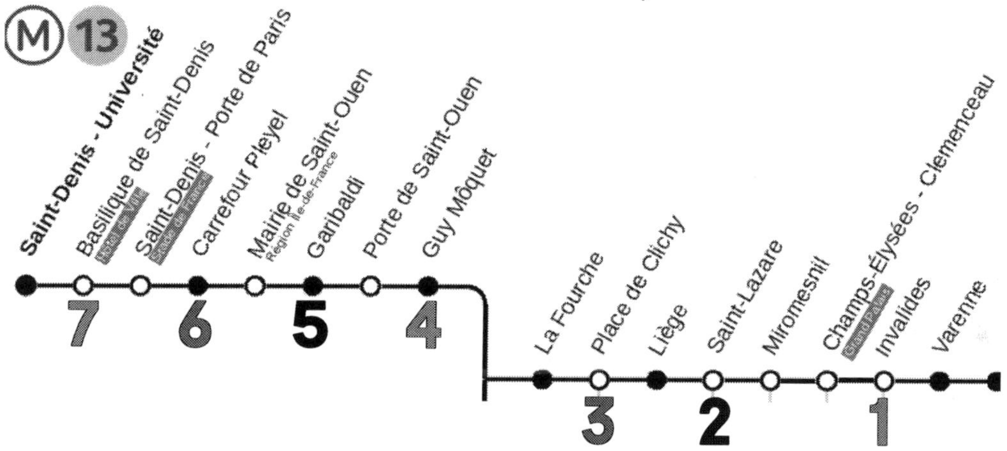

1 ***Deux étudiants montent.***
Etudiant 1 : Azul, a mmi-s n tmurt ?
Toi : ______________________________
Etudiant 1 : Isem-ik ?
Toi : ______________________________
Etudiant 1 : ________________________ ?
Toi : 22 iseggasen di leɛmer-iw.
Etudiant 2 : Nekk sɛiɣ 25 iseggasen; ugareɣ-k s 3 iseggasen.
Etudiant 1 : ________________________ ?
Toi : Qqareɣ deg tesdawit Paris 8.
Etudiant 2 : Nekni ad ners da deg Saint-Lazare, i kečč.
Toi : ______________________________
Etudiant 1 et 2 : Ar timlilit, a gma.
Toi : ______________________________

2 ***Deux étudiants et 5 étudiantes montent.***
Etudiante 3 : Teɛǧeb-ak Fransa ?
Toi : ______________________________
Etudiant 4 : Seg melmi i telliḍ di Paris ?
Toi : ______________________________
Etudiant 5 : Lhan yiselmaden n Paris 8 ?
Toi : ______________________________
Etudiant 1 : Anta i ifen tayeḍ, d tasdawit n Tizi-Wezzu neɣ d Paris 8 ?
Toi : ______________________________
Etudiante 6 : Tewwiḍ-d yid-k tagiṭart, ɛni tḥemmleḍ ad tecnuḍ ?
Toi : ______________________________.
Etudiant 6 : Azekka ad n-aseɣ ɣer Varenne. Din i tzedɣeḍ, yak ?
Toi : ______________________________.

Total des points : ___________

Total des points : ___________

(*) Le titre de la chanson de Slimane Azem en question est "*A Muḥ, a Muḥ, kker ma ad tedduḍ ad nruḥ*".

3 ***Cinq autres étudiants arrivent.***

Toi : ______________________________?

Etudiante 6 : Zedɣeɣ di Saint-Denis.

Toi : ______________________________

Etudiante 6 : Ih, nezmer ad nemlil di Varenne.

Toi : tzemreḍ ad ayi-d-tefkeḍ numru-inem n tilifun?

Etudiante 6 : ________________________ ?

Toi : Tameddit ad am-d-ssiwleɣ. Nekk isem-iw d Meẓyan, i kemm?

Etudiant 6 : Nekk d Jeǧǧiga. Ad rseɣ di La Fourche. Ar azekka, a Meẓyan !

Toi : ______________________________

Etudiant 7 : Di Sorbonne i teɣɣareḍ ?

Toi : ______________________________

Etudiant 7 : Ferḥeɣ imi nemlal ! Ar tufat !

Total des points : ___________

Tu appelles à Jeǧǧiga.

Toi : ______________________________ ?

Jeǧǧiga : Xaṭi d tamdakkelt-is, rǧu ad ak-tt-in-sɛeddiɣ.

Toi : ______________________________

Jeǧǧiga : Azul a Meẓyan. Amek tettiliḍ ?

Toi : ______________________________

Jeǧǧiga : Nekk daɣen ur yi-yuɣ wara.

Toi : ______________________________

Jeǧǧiga :______________________________ ?

Toi : Mara d-teffɣeḍ seg umiṭru, ddu-d qbala, ekk-d s uzniq amezwaru ɣer tama tazelmaḍt, ad d-tafeḍ axxam-iw ɣer rrif-im, ṣṣuni-d ad am-in-lliɣ tawwurt.

Jeǧǧiga : Ihi ar azekka, tura aql-i ɣɣareɣ.

Toi : ______________________________

Total des points : ___________

4 ***Guy Môquet : trois étudiants t'abordent.***

Etudiant 8 : Kečč walaɣ-k iḍelli di Pantin, din i tzedɣeḍ ?

Toi : ______________________________

Etudiant 8 : ______________________________

Toi : ______________________________

Etudiant 8 : Zedɣeɣ ɣur gma si leɛḍil. Ɣef wacḥal ara teɣreḍ ?

Toi : ______________________________

Etudiant 8 : Tameddit ad terɣreḍ ?

Toi : ______________________________

Etudiant 8 : ______________________________ ?

Toi : Toi : Arma d leṭnac.

Etudiant 8 : ______________________________ ?

Toi : Xaṭi, tameddit, ur ɣɣareɣ ara.

Etudiant 8 : Nekk d 5 n tmeddit ara fakkeɣ.

Total des points : ___________

5 ***Garibaldi, deux étudiants de Tazmalt que tu connais montent.***

Etudiante 9 : ______________________________

Toi : ______________________________

Etudiant 10 : ______________________________ ?

Toi : Ɛyiɣ yerna uḍneɣ cwiya ass-a.

Etudiant 11 : Mara ibeddel umdan tamurt akka i tḍerru yid-s.

Ma tuḥwaǧeḍ kra aql-aɣ da, a mmi-s tmurt.

Toi : ______________________________

Etudiant 10 : Ulac fell-as, a gma.

Toi : Bɣiɣ ad Beddleɣ tasdawit acku sarameɣ ad ɣreɣ takrura (la chimie) maččí d tusnakt (les maths), ɛewwqeɣ d acu ara xedmeɣ.

Etudiante 11 : Xaṭi ______________________

Toi : ______________________________

Total des points : ___________

6 ***Discussion avec 3 étudiants.***

Etudiant 12 : ______________________________ ?

Toi : Mara d-awiɣ ddiplum n Master, sarameɣ ad slemdeɣ tusnakt di tesnawit (lycée).

Etudiant 13 : ______________________________ ?

Toi : Azekka ad qqimeɣ deg uxxam.

Etudiant 12 : Ad tedduḍ ad nruḥ ad nɛumm ?

Toi : ______________________________

Etudiant 14 : Nekk ad ruḥeɣ ad azleɣ.

Etudiant 13 et 14 : nefreḥ imi k-id-nemlal.

Toi : ______________________________

Total des points : ___________

7 ***Le dernier étudiant avec qui tu discutes.***

Etudiant 15 : Azul, a mmi-s n tmurt ?

Toi : Xaṭi, ur ttaggadeɣ ara tusnakt.

Etudiant 15 : ______________________________

Toi : Nekk daɣen lluẓeɣ.

Etudiant 15 : ______________________________ ?

Toi : Awah xaṭi ! Nekk yenɣa-yi usemmiḍ !

Etudiant 15 : ______________________________ ?

Toi : D tidet, nneɣnaɣ imi xaqqeɣ ɣef yemma.

Etudiant 15 : ______________________________

Toi : Ula d nekk mulleɣ si tmurt-nneɣ.

Total des points : ___________

5- Chantons ! "A Muḥ n Muḥ ", écrite par Muḥya et chantée par le célèbre groupe Djurdjua

Refrain:
A Muḥ n Muḥ, wet aqabac,
Si zik n zik, tabɛa ulac,

Aqabac ɣef tayet-is,
Rebbi irza s ul-is,
Yezga ittnewwa,
Zik i irefd iman-is,
Akken ad iṣubb ɣer lexla,

Ad inqec timeɣrusin,
Ad ifres akk tizemrin,
In'as kan : «yya»,
Ad ak-yecrew tiselnin,
Ad yekrez ma d tayerza,

Refrain

Aṭas i iswan tidi-s,
Ileqqeḍ deg wussan-is,
D anebdu d ccetwa,
Akken ad d-isis aɣrum-is,
Aɣrum n tmara d aya,

Ur s-tselleḍ yettussu,
Neɣ ad ides, neɣ ad ittru,
Lukan am netta,
Ur yettasem, ur ireffu,
Ur yettawi seg wa ɣer wa,

Refrain
Asmi yewweḍ tameddit,
Ičča ayla-s di ddunit,
Issenser s tuffra,
Aqabac-nni iddem-it,
Iṛuḥ ad yeɣz aẓekka,

Iṛuḥ ad yeɣz aẓekka-s,
Mazal ittnaɣ d yiḍ d wass,
Isenned, ittekka,
Yuggad ad lummen fell-as,
Ulac iwumi yenna...

A Muḥ n Muḥ, ṭṭes tura,
Si zik n zik, ulac tabɛa...

Muḥya, de son vrai nom Abdallah Mohia, est né le 1er novembre 1950 à Michelet en Kabylie et mort le 7 décembre 2004 à Paris 15e, est un auteur, parolier, adaptateur et poète kabyle prolifique, mais peu connu du public national et international.
Il a enregistré ses productions (une quinzaine de cassettes audio). Fondateur d'une troupe de théâtre d'expression kabyle, il a consacré plusieurs années de sa vie à traduire et à adapter des poèmes, à écrire des chansons pour des artistes comme Ferhat Mehenni, Idir, Ideflawen, Djudjura et surtout adapter des œuvres théâtrales universelles à la langue et à la culture kabyle. Par ailleurs, Muḥya a pu sensibiliser, à travers ses œuvres, beaucoup de gens autour de la revendication identitaire amaziɣ et les droits de l'homme.
Après avoir décroché son baccalauréat en 1968, il s'inscrit à l'université d'Alger où il poursuit des études supérieures en mathématiques. Il obtient son diplôme de licence en 1972. En 1973, il part à Strasbourg pour poursuivre ses études. Au cours de la même année, il vient à Paris et intègre le Groupe d'Études berbères créé à l'Université Paris VIII (Vincennes). Il y participe à l'animation des revues publiées par ce groupe : Bulletin d'études amazighs (BEA) puis Tisuraf.
Il crée et anime une troupe de théâtre, Asalu, en 1983. Un atelier de traduction-adaptation se constitue également. Il est considéré comme le fondateur et figure emblématique du théâtre d'expression amazighe.
Il enseigne le kabyle à l'ACB (l'Association de Culture Berbère) de Paris. En parallèle, il publie des poèmes, des nouvelles ainsi que de nombreuses adaptations vers le Kabyle de pièces de théâtres (plus d'une vingtaine), nouvelles, poésies...

Source : Wikipédia

6- Le jeu de "Ddavex-uḍar" (Football). Le score est nul, il ne reste qu'une minute pour que l'arbitre siffle la fin du match ! Tu dois donc essayer de marquer un but en dribblant tous les joueurs de l'équipe adverse. Pour dribbler un joueur, il faut juste traduire en kabyle le mot qu'il te propose !

1- Boulanger 2- Boucher 3- Cuisinier 4- Forgeron 5- Coiffeur 6- Décorateur 7- Serveur 8- Bûcheron 9- Magicien 10- Menuisier 11- Berger

7- Jeu de rôles. Tu interroges ce monsieur et il te donne les réponses suivantes. Nous avons supprimé tes questions. Ecris-les. Tu peux utiliser les mots interrogatifs vus dans la leçon de grammaire.

Kečč/Kemm : ______________________________?
Wihin : Tedduɣ s axxam.
Kečč/Kemm : ______________________________?
Wihin : D yessetma.
Kečč/Kemm : ______________________________?
Wihin : Azekka ad inigeɣ ɣer tmurt.
Kečč/Kemm : ______________________________?
Wihin : Ad ruḥeɣ axaṭer xaqqeɣ ɣef taddart-iw.
Kečč/Kemm : ______________________________?
Wihin : Ih, uggadeɣ maca ḥemmleɣ aṭas tamurt-iw, deg wul-iw tezga tella.
Kečč/Kemm : ______________________________?
Wihin : Ad qqimeɣ din snat smanat.
Kečč/Kemm : ______________________________?
Wihin : Ad d-uɣaleɣ ass n lexmis 20 deg ɣuct.

Kečč/Kemm : ______________________________?
Wa : Mačči yal ass, tikwal kan i xeddmeɣ.
Kečč/Kemm : ______________________________?
Wa : Ih, ad ddunt yid-i yessetma.
Kečč/Kemm : ______________________________?
Wa : Ad nruḥ deg tmesrifegt (labyu).
Kečč/Kemm : ______________________________?
Wa : Ttlusuɣ nwaḍer axaṭer xuṣṣeɣ deg yiẓri.
Kečč/Kemm : ______________________________?
Wa : Xaṭi, ur ddiɣ ara yid-sent ilindi.
Kečč/Kemm : ______________________________?
Wihin : D amdakkel-iw ara yi-yawin s tkerrust s axxam.
Kečč/Kemm : ______________________________?
Wihin : Ad nens ɣur gma-tneɣ.

8- Interrogatoire de police. Emploie la forme négative pour répondre aux questions de cet enquêteur pour lui prouver ton innocence. Ne lâche rien !

Enquêteur: Telliḍ din mi kecmen ɣer tḥanut ?
Kečč / Kemm : Xaṭi, ur lliɣ ara.
Enquêteur: Tessneḍ Ziquz d Ḥlima n Tazert ?
Kečč / Kemm : Xaṭi, ______________________
Enquêteur: Teẓriḍ-ten ?
Kečč / Kemm : Xaṭi, ______________________
Enquêteur: D kečč i ukren taxatemt ?
Kečč / Kemm : ______________________
Enquêteur: Tettkeyyifeḍ ɣerna tettcummuḍ ?
Kečč / Kemm : ______________________

9- Imagine un dialogue pour chacune des situations suivante.

Phonétique

Discrimination

1-Ecoutez et répétez les mots et sépare les syllabes.

1	tellam	fell-am
2	Zẓu	zẓu
3	greɣ	kkreɣ
4	aɛbar	aɣebbar
5	ffer	ffeɣ
6	ggar	ggal

Rythme et intonation

2-Répétez ces dialogues avec les intonations proposées.

Dassin :	-Mmm ! Tettriḥiḍ rriḥa lɛali ! D acu i d-tsewwayeḍ ɛni ? D acu yellan deg teccuyt !? *Miam ! Ca sent bon ! Tu prépares quoi ? Qu'est-ce qu'il y a dans la marmite !?*
Jeğğiga :	-Arğu, ad am-d-iniɣ... Taẓrudiyat, snat tbaṭaṭiyin, takurjiḍt, azgen n tebṣelt akked 3 tfeɣwa. *Attends, je te dirai... Une carotte, 2 pommes de terre, une courgette, un demi oignon et 3 artichauts !*
Dassin :	-D ay-a kan ? *C'est tout ?*
Jeğğiga :	-Drus anect-a ? Rniɣ dayen lemleḥ akked ... kra n tecriḥin n tsekkurt ! *C'est déjà pas mal, non ? J'ai aussi ajouté du sel et ... quelques morceaux de viande de perdrix !*

Dassin :	-Tura, fehmeɣ seg wansi i d-tusa rriḥa-nni lɛali ! *Maintenant j'ai compris d'où vient cette bonne odeur-là !*
Jeğğiga :	D tidet, aksum n tsekkurt d abninan aṭas. *C'est vrai, la chair de perdrix est très savoureuse !*
Dassin :	Wi' iɛerḍen tacriḥt n tsekkurt ur iqenneɛ ara, akken yeqqar yinzi. W'icqa ad tt-ɛerḍeɣ, ttxil ? *Celui qui a goûté à la chair de perdrix n'en sera jamais rassasié, comme dit le proverbe. Je pourrais la goûter, s'il te plaît ?*
Jeğğiga :	Qqim ad teččeḍ yid-i, sewweɣ-d azal ara ččen sin. *Reste pour manger avec moi, j'ai préparé assez à manger pour deux.*
Dassin :	Tanemmirt meɛna ur ilaq ara ad ččeɣ aṭas axaṭer ṣeḥḥaɣ mačči d kra. *Merci mais je ne devrai pas manger beaucoup parce que je suis trop grosse.*
Jeğğiga :	Tuqeɛ-am ! Tcebḥeḍ akka ! *Tu t'en fiches ! Tu es belle comme ça !*

Communiquer au quotidien dans d'autres situations de la vie courante. (*)

8 Décrire une personne

Se renseigner sur une personne

1 Questionner

• **Amek iga ? Amek-it ?**	• Comment est-il fait ? Comment est-il ?
• **Amek tga ? Amek-itt ?**	• Comment est-elle faite ? Comment est-elle ?
• **Anect-ila-t ?**	• Combien mesure-t-il ?
• **Anect-ila-tt ?**	• Combien mesure-t-elle ?
• **D acu yelsa ?**	• Qu'est-ce qu'il portait ?
• **Amek-it ucebbub-is/umzur-is ? Allen-is? Udem-is ? ...**	• Comment sont ses cheveux ? Ses yeux? Son visage ? ...
• **D tinna akken i isɛan amzur berriken?**	• C'est celle qui avait des cheveux noirs ?
• **D winna akken i d-yelsan taqemjet tamellalt ?**	• C'est celui qui porte une chemise blanche?
• **D awezlan ? D aɣezfan ?**	• Est-il grand ? Est-il petit ?

2 Répondre

• **D aɣezfan, ad yesɛu snat lmitrat.**	• Il est grand, il aurait deux mètres.
• **D areqqaq.**	• Il est maigre, mince.
• **D ač̌čaran, d azuran.**	• Il est gros.
• **Allen-is d tizerqaqin, d tiqahwiyin, d tiberkanin.**	• Ses yeux sont bleus, marron, noirs.
• **Udem-is d imdewwer.**	• Son visage est rond.
• **Leḥnak-is d izeggaɣen.**	• Ses joues son rouges.
• **Imi-s d amecṭuḥ.**	• Sa bouche est petite.
• **Tawenza-s hrawet.**	• Son front est large.
• **Tawenza-s tekres.**	• Son front est ridé.
• **Ur ẓriɣ ara (amek-it).**	• Je ne sais pas (comment il est).
• **D aberkan, d aruji, d axemri, d amellal (d acebḥan)**	• Il est noir, rouquin, brun, blond.
• **Yesɛa claɣem, tamart.**	• Il est des moustaches, une barbe.
• **D aferḍas.**	• Il est chauve.

Portrait physique

• **D amɣar, d ilemẓi, d agrud, d aqcic, d taqcict, d argaz, d tameṭṭut.**	• Il est vieux, jeune, c'est un gamin, un garçon, une fille, un homme, une femme.
• **Ɣezzif, wezzil,**	• Grand, petit

(*) Ces situations de communication feront l'objet de leçons plus détaillées dans le prochain livre du niveau B1-B2.

- **Yecbeḥ, tecbeḥ.**
- **D imserri, d amelḥan**
- **D timserrit, d tamelḥant**

- Il est beau, elle est belle.
- Il est charmant, mignon.
- Elle est charmante, mignonne.

Défauts physiques

- **Yecmet, tecmet**
- **D imɛewwer**
- **D iferḍi n tiṭṭ**
- **D bu-yiɛirjan, d mm yiɛirjan.**
- **D bu-warquqen.**
- **D bu-uqemmuḥ**
- **D bu-wajjaren**

- Il est laid, elle est laide.
- Il louche.
- Il est borgne.
- Il a / elle a des jambes démesurément longues.
- Il a de trop gros yeux, il regarde mal les gens, il surveille tout.
- Ils est médisant, il a une grosse bouche.
- Il a de trop longs ongles, comparés à des griffes.

Portrait moral

- **D uḍrif**
- **D abaḥan**
- **Ulac w'ur t-nḥemmel ara.**
- **Yesɛa deg uqerruy-is, deg wallaɣ-is.**
- **B bu-tissas**
- **D bu-tidet**
- **D bu-tfenṭazit**

- Il est poli.
- Il est sympathique.
- Tout le monde l'aime.
- Il est intelligent
- Il est charismatique.
- C'est un homme qui dit la vérité.
- Prestigieux, généreux, courageux...

Défauts

- **D yir netta/ d yir amdan.**
- **D abuhali**
- **D targazt.**
- **D ameṭṭu.**
- **Ulac wi t-iḥemmlen.**
- **D abeɣḍi**
- **D bu-uqerru.**
- **Yesseɛyuy**
- **Tesmulluy**
- **D amṭarfu**
- **D amaɛur**
- **D aḥeqqar**
- **D amesbaṭli**
- **D akeddab**

- C'est une mauvaise personne.
- C'est un idiot
- C'est un efféminé.
- C'est une hommasse.
- Tout le monde le déteste.
- Haineux.
- Têtu.
- Il est fatigant.
- Il est ennuyeux.
- C'est un extrémiste.
- Il est d'humeur difficile.
- Il est dédaigneux, méprisant.
- Il est injuste.
- C'est un menteur.

Utiliser la comparaison

- Tikli-s **am** tin n tsekkurt.
- **Amzun** d izem.
- **Zun d** Elvis Presley mara iceṭṭeḥ.
- **Ad as-tinid d** Marilyn Monroe.
- **Yettarra iman-is** d Brad Pitt.

- Sa démarche est **comme** celle de la perdrix.
- Il **a l'air d'**un lion.
- Il ressemble à Elvis Presley quand il danse.
- On dirait Marilyn Monroe.
- Il se prend pour Brad Pitt.

9 Parler de la météo

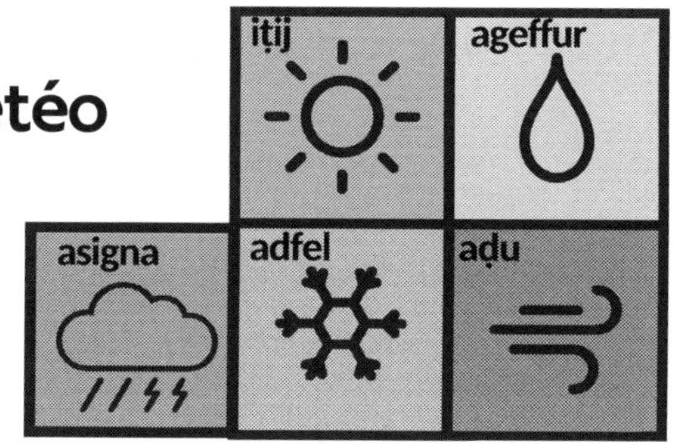

Se renseigner sur la météo

Questionner

- **Amek iga lḥal ?**
- **Amek iga lḥal ass-a ?**

- Quel temps fait-il ?
- Quel temps fait-il aujourd'hui ?

Parler du beau temps

Deg unevdu - En été :

- **D azɣal.**
- **D lḥamu.**
- **Yeḥma lḥal.**
- **D aɣamac.**
- **D iṭij.**
- **Yesruɣay yiṭij.**
- **Ḥmiɣ.**
- **Kkufreɣ.**
- **Teccef-iyi-d tidi.**

- Il fait chaud.
- Il fait chaud.
- Il fait chaud.
- C'est la canicule.
- Il y a du soleil. Le temps est ensoleillé
- Le soleil est brûlant.
- J'ai chaud.
- J'étouffe.
- Je transpire.

Deg tefsut - Au printemps :

- **Yebbuḥra lḥal.**
- **Yelha lḥal.**
- **Igenni d asegzaw.**
- **Yellemlem yigenni.**

- C'est frais . Il y a de l'air.
- Il fait bon.
- Le ciel est bleu.
- Le ciel est nuageux, la pluie menace.

Parler du mauvais temps

Deg lexrif / amiwan - En automne :

- **Semmeḍ lḥal ciṭuḥ.**
- **D asemmiḍ ciṭuḥ.**
- **D asigna**
- **D aḍu.**

- Il fait un peu froid.
- Il fait un peu froid.
- Le temps est nuageux.
- Il y a du vent.

Deg tegrest /ccetwa - En hiver :

- **Yekkat udfel.**
- **Yesmiččim udfel.**
- **Yekkat ugeffur/ lehwa /lgerra.**
- **Yella yigedrez.**
- **Yekkat ubruri, yessay-d i udfel.**
- **Yessaɣ udfel.**
- **Yeḥmel wasif.**
- **Yenɣa-yi usemmiḍ. / Yeqreḥ-iyi usemmiḍ. Bezgeɣ.**
- **Lebraq. Rrɛud. Aɣemɣum.**
- **Tabuciḍant (tazawa)**
- **Tislit n Wanẓar /Tameɣra n wuccen.**
- **Tasmuḍi. Alemlum. Tagut.**

- Il neige (m.à.m. Il frappe la neige)
- Il tombe des flocons de neige.
- La pluie tombe. Il pleut.
- Il y a du verglas.
- La grêle tombe et prépare le lit à la neige.
- La neige fait couche.
- La rivière est en crue.
- J'ai froid.! Je suis mouillé(e) Je suis trempé(e).
- Coup de tonnerre, foudre. Éclair. Tempête.
- Tourbillon.
- Arc-en-ciel (m.à.m La Fiancée d'Anzar *)
- Froid. Temps gris, brumeux. Brume. Brouillard.

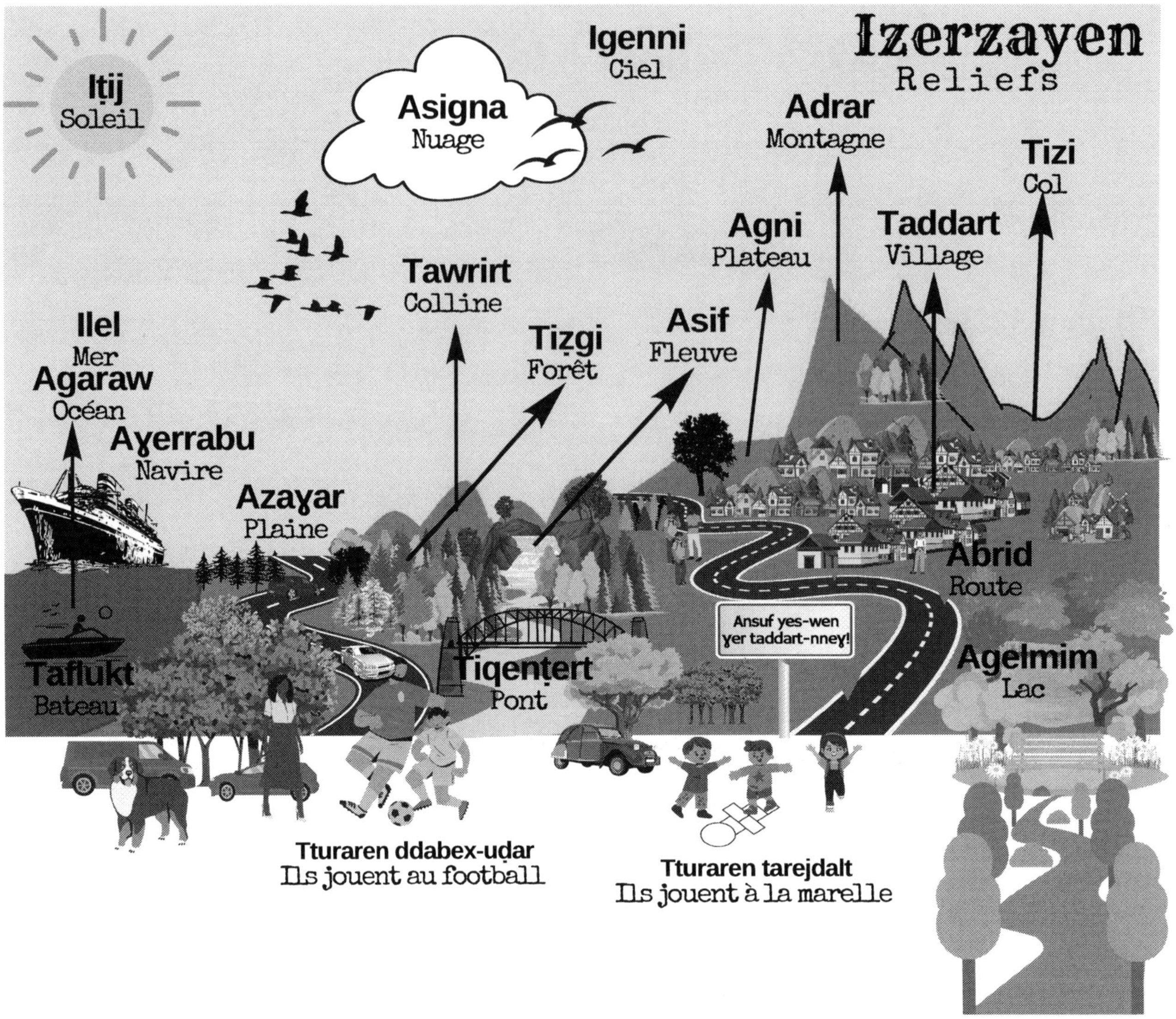

Tigzirt : *île*
Amenẓaw : *continent*
Tiziri: *lune*
Itran : *Etoiles*
Iɣzer : *rivière*
Targa : *canal*
Tattayt : *altitude*
Agentur : *vallée*
Acruf : *falaise*
Agemmaḍ : *versant*
Idis : *versant*
Tamguṭ: *sommet*
Anegris : *glacier*
Igmir : *ravin*
Alma : *prairie*
Agemmun : *monticule*
Taḥemmalt : *crue*
Adfel : *neige*
Ageffur : *pluie*
Asamer : *Est*
Amalu : *ouest*
Agafa : *nord*
Anẓul : *sud*
Takerḍa : *carte*
Tiɣremt (tamdint) : *ville, cité*
Leɛzib: *ferme*
Aseklu (ṭṭejra) : *arbre*
Aẓru : *cailloux*
Alluḍ : *boue*
Akal : *terre (matière)*
Abrid n uḍar : *sentier*

Isekla - Les arbres

Leḥcic
Herbe
Tazemmurt
Olivier
Taneqlet
Figuier
Taεrict
Treillis
Akermus
Figuier de barbarie
Azumbi
Pomme de pin
Tidekt
Lentisque
Tasaft
Chêne-vert
Taluzet
Amandier
Tayda
Pin
Amadaɣ
Broussaille
Taberquqt
Prunier
Asisnu
Arbousier
Asefṣaf
Peuplier
Tamecmact
Abricotier
Talimet
Citronnier
Tačinet
Oranger
Aneḍrim
Cerisier
Tifirest
Poirier
Taxuxet
Pêcher
Tubrazt / Taẓaεṛurt
Néflier
Tazdayt
Palmier
Tizwal
Mûres
Inijel
Ronce
Tacwawt
Cime
Ifer/ Iferrawen
Feuille(s)
Taciṭa
Branche
Ajeǧǧig
Fleur
Lǧedra
Tronc
Iẓuran
Racines
Iclem
Ecorce
Amezzir
Romarin

Iɣersiwen n uxxam

Les animaux domestiques

Amcic
Chat
Aydi / Aqjun
Chien
Tayaziḍt
Poule
Ayaziḍ
Coq
Akrar / Ikerri
Mouton
Izimer
Agneau
Tixsi
Brebis
Tafunast
Vache
Agenduz / Aɛejmi
Veau
azger
Boeuf
Aḥutiw /Aslem
Poisson
Itbir
Pigeon
Asefrarax
Isefraraxen
Poussin-Poussins
Taɣaṭ
Chèvre
Iɣid / Tiɣideṭ
Chevreau / Chevrette
Aqeclwac
Bouc
Awtul
Lapin
Timerqemt
Chardonneret
Iẓiwec
Moineau
Tifirellest
Hirondelle
Aɣyul
Ane
Aɛudiw - Tagmart
Cheval - Jument
Aserdun
Mulet
Alɣem
Chameau
Awezziw
Oie
Aɣerda
Rat
Tabunejdant
Tarente de Maurétanie
Ifker
Tortue
Afrux Ṭawes
Paon
Azuxzux
Dindon
Ababaɣayu
Perroquet
Abrik
Canard
Tasekkurt n Lhend
Pintade

Iɣersiwen n teẓgi
Les animaux sauvages

Uccen
Chacal
Ilef
Sanglier
Awtul n lexla
Lièvre
Abareɣ
Renard
Amqerqur
Crapaud
Inisi
Hérisson
Ibki
Singe
Tadɣaɣat
Belette
Tata
Caméléon
Aεirus
Escargot
Iffis
Hyène
Izem
Lion
Aksil
Tigre
Bururu
Hibou
Aɣilas
Panthère
Izerzer
Cerf
Tizerzert
Gazelle
Arruy
Porc-épic
Izirdi
Mangouste
Amulav
Lézard
Azrem
Serpent
Azermeṭṭuc
Ver de terre
Igider
Aigle
Isɣi
Vautour
Lbaz / Taninna
Faucon / Femelle du faucon
Tagerfa
Corbeau
Tasekkurt / Iḥiqel
Perdrix f./ Perdrix mâle
Aferruǧ
Perdreau
Itbir
Pigeon
Ibellireǧ
Cigogne
Iṭezbibi
Mésange
Tifirellest
Hirondelle
Iẓiwec
Moineau
Sibus
Roitelet
Ɛeẓẓi
Rouge-gorge
Aquvaε
Alouette
Amergu
Grive
Aẓerẓur
Etourneau
Ajeḥmum
Merle
Abenferriw
Pinson
Abuneqqab
Pic-vert
Tamilla
Colombe
Aziduḍ
Palombe
Tabuzegrayezt
Bergeronnette
Ajaɣiɣ
Geai
Ṭikuk
Coucou

Iveɛɛac- Insectes

Tizizwit
Abeille

Arzuz
Bourdon

Tament
Miel

Tizizwit tgemmer tajeğğigt
L'abeille butine les fleurs

Aglaf n tzizwa
Essaim d'abeilles

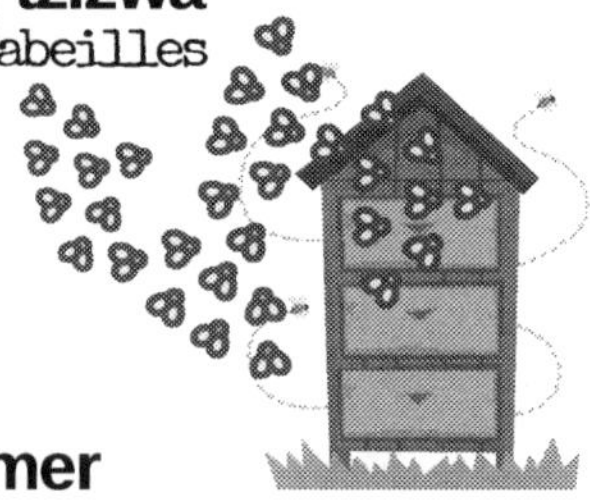

Taɣrast
Ruche

Arẓez
Guêpes

Tusna n warẓezzen
Nid de guêpes

Izi
Mouche

Tizit
Moustique

Agerlellu
Cafard

Tilkit
Pou

Axunfes
Bousier

Lbeqq
Punaise

Timerdedda
Têtards

Taburqict
Coccinelle

Azeṭṭa
Toile

Tissist
Araignée

Tiɣirdemt
Scorpion

Werğeğği
Cigale

Taweṭṭuft
Fourmi

Aselluf
Tique

Ajrad
Criquet

Abziẓ
Sauterelle

Tiɣirdemt n waḍu
Mille-pattes

Aferṭeṭṭu
Papillon

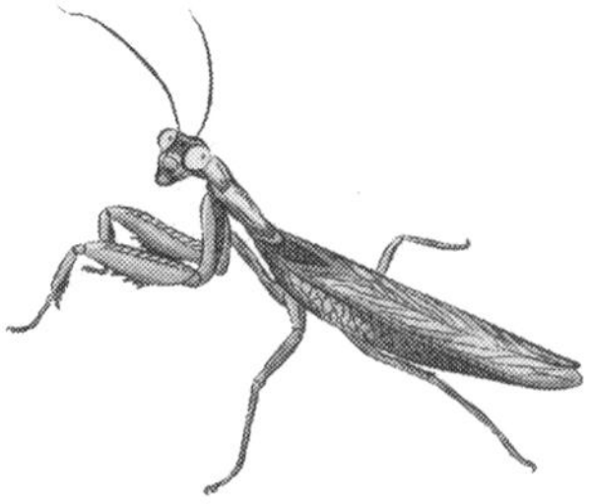

Tagmert n Sidi Sliman
Mante religieuse

Tifireɛqest
Crabe

Ajeɣlal
Coquille

Aɛirus / Abelɛerrus
Escargot

Dduzan- Outils

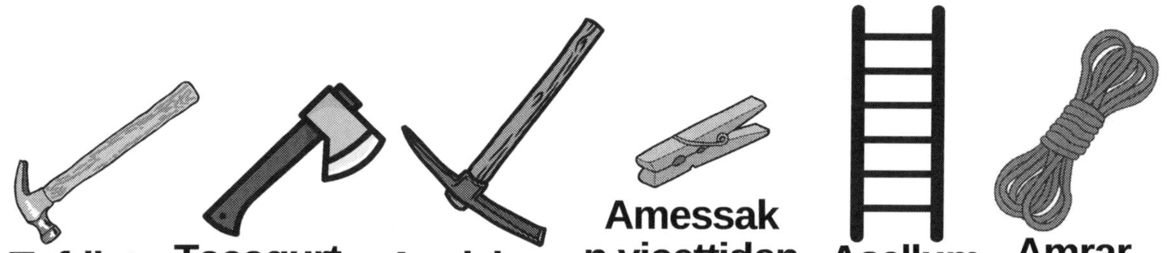

Tafḍist – Marteau
Tacaqurt – Hachette
Agelzim – Pioche
Amessak n yiceṭṭiden – Pince à linge
Asellum – Echelle
Amrar – Corde

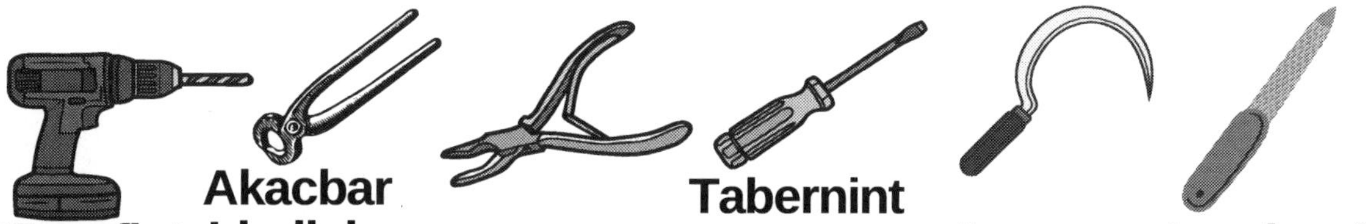

Taseflut – Perceuse
Akacbar Lkullab – Pince
Tiɣemdin – Pince dentaire
Tabernint Aturnvis – Tournevis
Amger – Faucille
Lmebreḍ – Lime

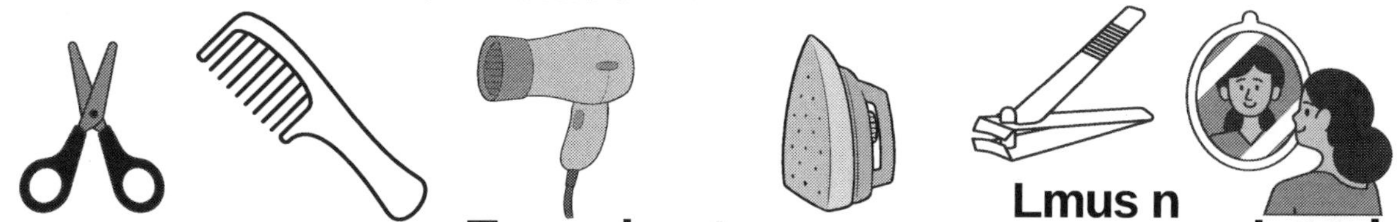

Timqestin – Ciseaux
Timceḍt – Peigne
Tameskawt – Séchoir
Aḥeddad – Fer à repasser
Lmus n waccaren – Coupe-ongles
Lemri – Miroir

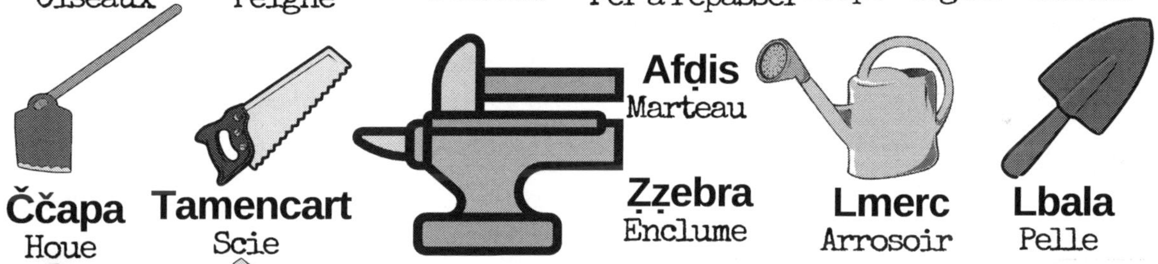

Ččapa – Houe
Tamencart – Scie
Afḍis – Marteau
Ẓẓebra – Enclume
Lmerc – Arrosoir
Lbala – Pelle

Lyajur – Brique creuse
Tabrikt – Brique de parement
Idɣaɣen – Pierres
Agraraj – Gravier
Ijdi – Sable

Ssiman – Ciment
Taṭaluct – Taloche
Tiflut – Truelle
Taberwiḍt – Brouette
Ameṣmar – Clou

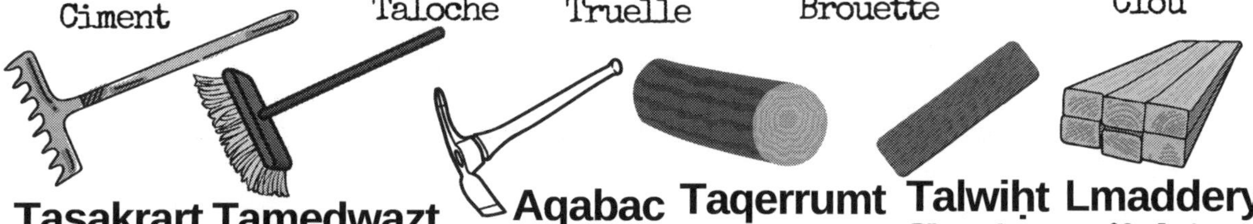

Tasakrart – Rateau
Tamedwazt Timeṣleḥt – Balai
Aqabac – Pioche
Taqerrumt – Bûche
Talwiḥt – Planche
Lmadderyat – Madriers

10 Parler de ce qui s'est passé

Parler d'un fait passé

Questionner

- **D acu yeḍran ?** — Que s'est-il passé ?
- **D acu yeḍran di Leqser ?** — Que s'est-il passé à El-Kseur ?
- **D acu yeḍran di Sidi Ɛic iḍelli.** — Que s'est-il passé à Sidi-Aich hier ?
- **Werraɣ wudem-ik, d acu k-yeḍran ɛni ?** — Tu es pâle, que t'est-il arrivé ?
- **Sliɣ i teɣratin deg uxxam n Ferruǧa, d acu yeffraḥen ɣur-s ɛni?** — J'entends des youyous dans la maison de Ferroudja, quel événement heureux y a-t-il chez elle ?

Répondre

- **Suref-iyi imi ɛeṭleɣ, d setti i yuḍnen, wwiɣ-tt ɣer sbiṭar.** — Excusez-moi d'être arrivé(e) en retard, ma grand-mère est tombée malade et j'ai dû la conduire à l'hôpital.
- **Texṣer ṭṭumubil-iw.** — Ma voiture est tombée en panne.
- **D yiwet n tkerrust i yegrarben ɣer yiɣzer.** — Une voiture a chuté dans un ravin.
- **Yiwen ukamyun yuwet takerrust.** — Un camion a percuté une voiture.
- **D snat n tkeryas i yemyuwaten.** — Deux voitures se sont percutées.
- **Tlata jerḥen, yiwen yemmut.** — Il y a trois blessés et un mort.
- **D imezdaɣ n Ujgu-Alemmas i iɣelqen abrid n ukerrus, rfan imi tettruḥu trisiti yal ass ɣur-sen.** — Ce sont les habitants d'Ajgou-Alemmas qui ont fermé la route carrossable, ils sont en colère à cause des incessantes coupures d'électricité chez eux.
- **D yelli-s i izewǧen, (i d-yuwin lbak...).** — C'est sa fille qui s'est mariée (qui a eu son bac)
- **Ukren-iyi ṣṣak-iw mi d-ffɣeɣ si lbanka.** — Ils m'ont volé mon sac en sortant de la banque.
- **Teɣli deg ubrid, terẓ deg tweṭzit.** — Elle est tombée et s'est cassé la cheville.

Raconter une histoire

- **Meẓẓeyyeɣ asmi ssneɣ baba-m. Werɛad kcimeɣ 20 iseggasen di leɛmer-iw. Di tmeɣra n gma-s i t-walaɣ tikkelt tamezwarut. Nemyeḥmal dindin. Mi d-yuweḍ wass ad d-uɣaleɣ ɣer Fransa, ttruɣ. Udem-is yezga gar wallen-iw. Xuḍi maččí d irgazen i ixuṣṣen di Fransa meɛna d netta i yebɣa wul-iw. Aseggas mbeɛd, nemyezwaǧ. Ar ass-a nemyeḥmal am tikkelt tamezwarut ideg nemyeẓra.**
- J'étais jeune quand j'ai connu ton père, je n'avais pas encore 20 ans. C'était pendant la fête de mariage de son frère que je l'ai vu la première fois. On s'est aimés immédiatement. Quand arrivé le jour de mon retour en France, j'ai pleuré. Son visage ne quitte pas mes yeux. Pourtant, ce ne sont pas les hommes qui manquent en France mais c'était lui que mon coeur voulait. Une année plus tard, nous nous sommes mariés. Jusqu'aujourd'hui, nous nous aimons comme la première fois qu'on s'est vus.

11 Raconter ce que l'on a vécu

Raconter une histoire vécue

Début de l'histoire

- **Zik, zik-nni** ______________________
- **Asmi lliɣ d amecṭuḥ** ______________
- **Asmi lliɣ mezẓeyyeɣ** ______________
- **Deg tallit-nni n ṭrad** ______________
- **Cfiɣ amzun d iḍelli** ________________

- Autrefois, jadis ______________________
- Quand j'étais petit ___________________
- Quand j'étais petit ___________________
- A l'époque de la guerre _______________
- Je me souviens comme si cela datait d'hier _

Les événements de l'histoire

- **Yiwen wass,** tuzen-iyi yemma ad d-aɣeɣ udi deg tḥanut n Dda Qasi.
- Uɣeɣ-as-d ayen tebɣa **meɛna mi** d-ffɣeɣ si tḥanut-nni, walaɣ imeddukal-iw deg uzniq, ur vɣiɣ ara ad ẓren d acu i d-uɣeɣ **dɣa** ffreɣ-t ddaw tkaskiḍt-iw.

- **Ass-nni,** yeḥma lḥal, iṭij yesruɣay. Udi-nni yefsi, yettazzal ɣef wudem-iw d temgerḍt-iw. Yeqqim-d siwa lkaɣeḍ n usekrud ddaw tkaskiḍt-iw.
- Ɛewwqeɣ d acu ara xedmeɣ.
- Seg wakken uggadeɣ ad ayi-twet yemma, rriɣ s axxam n yaya. Testeqsa-yi-d ayɣer aqerruy-iw yettiqqi d zzit, mliɣ-as tadyant amek tella. Tessared-iyi aqerruy-iw, tefka-yi-d idrimen s ara d-aɣeɣ tikkelt-nniḍen udi.

- Un jour, ma mère m'a envoyé acheter du beurre à l'épicerie de Dda Kaci.
- Je lui ai acheté ce qu'elle voulait mais en sortant du magasin, j'ai vu mes amis dans la rue et je ne voulais pas qu'ils sachent ce que j'ai acheté donc je l'ai caché sous ma casquette.
- Ce jour-là, il faisait très chaud. Le soleil était brulant. Le beurre a fondu et coulait sur mon visage et mon cou. Il n'en restait que le papier d'emballage sous ma casquette.
- Je ne savais pas quoi faire.
- J'avais tellement peur que ma mère me batte, je me suis rendu chez ma grand-mère. Elle m'a demandé pourquoi l'huile coulait sur ma tête. Je lui ai raconté ce qui s'était passé. Elle m'a lavé la tête et donné de l'argent pour acheter de nouveau du beurre.

La fin de l'histoire

- **Ɣer taggara,** mi kecmeɣ s axxam, yemma tella tfukk aniwel. Tessuɣ-d fell-i, tenna-yi-d : d ayen tura ur uḥwaǧeɣ ara udi-inek,! Kečč, seg wakken ẓayeḍ, ula d ifker d uɛirus ad k-zwiren !

Yemma tegguma ad tefhem dakken maččí deg ufus-iw ma ẓayeɣ, akka kan i d nekk segmi d-luleɣ. Seg wakken tezga tetteɛayar deg-i imi ẓayeɣ, uɣaleɣ d ungif !

- Enfin, quand je suis rentré chez moi, ma mère avait déjà fini de cuisiner. Il m'a crié dessus et m'a dit : ça y est maintenant je n'ai plus besoin de ton beurre ! Toi, tu es tellement lent que même la tortue et l'escargot marchent plus vite que toi !

Ma mère refusait de comprendre que ce n'était pas de mon plein gré que j'étais lent, j'étais ainsi fait depuis ma naissance. Tellement qu'elle ne cessait de m'insulter au sujet de ma lenteur, je suis devenu stupide !

12 Parler des courses

Demander le prix / acheter / vendre

• **Aɣ, ssenz**	• Acheter, vendre
• **Iṣurdiyen, idrimen**	• Argent
• **Ssuma**	• Prix
• **Acḥal i yeswa ?**	• Combien coûte-t-il? Quel est son prix?
• **Uɣeɣ-d aɣrum, afarmaj d kra n tebyirin.**	• J'ai acheté du pain, du fromage et quelques bières.
• **Senzeɣ takerrust-iw s 40 imelyan.**	• J'ai vendu ma voiture à 40 millions.
• **Acḥal i teswa ẓrudya ?**	• Combien coûte la carotte ?
• **Acḥal i yeswa ifelfel ?**	• Combien coûte le piment ?
• **D acu-tt ssuma n čina ?**	• Quel est le prix de l'orange ?
• **D acu-tt ssuma n ufeqqus ?**	• Quel est le prix du melon ?
• **Acḥal i lkilu ?**	• Le kilo est à combien ?
• **Acḥal ara xelṣeɣ akkit ?**	• Combien payerai-je en tout ?
• **Acḥal ara k-d-fkeɣ ?**	• Je te donne combien ?
• **Ɣlay, yerxes,**	• C'est cher, ce n'est pas cher,.
• **Baṭel, s lexlaṣ, s yiṣurdiyen/ s yedrimen**	• C'est gratuit, c'est payant.
• **Tesɛiḍ ṣṣerf ?**	• As-tu de la monnaie ?
• **Acḥal ara yi-d-teǧǧeḍ ?**	• Tu me le laisses à combien ?
• **Wzen-iyi-d lkilu.**	• Tu me pèses un kilo.
• **Efk-iyi-d.**	• Donne-moi.
• **Di tḥanut-a, kullec yettnuz s rxa.**	• Dans ce magasin, les prix sont abordables.
• **Agezzar-a yessaɣlay.**	• Ce boucher pratique des prix exorbitants.

Négocier un prix

• **Qacer**	• Négocier (le prix)
• **Aqacer**	• Négociation (d'un prix)
• **Nezmer ad nqacer ssuma ?**	• Le prix est-il négociable?
• **Tzemreḍ ad ayi-d-teǧǧeḍ kra deg-s.**	• Pourriez-vous me faire un prix?
• **Acḥal ara yi-d-teǧǧeḍ ?**	• A combien voulez-vous me le céder?
• **Ɣlay aṭas, sseɣli-d ciṭuḥ di ssuma-s, ad t-aɣeɣ.**	• Il est trop cher, baisse un peu son prix, je l'achèterai.
• **S wanta n ssuma i tebɣiḍ ad t-tessenzeḍ ?**	• Quel est votre meilleur prix?
• **Jmiɛliman ma sɛiɣ lfayda deg-s. Uɣeɣ-t-id s 10 yimelyan, amek tebɣiḍ ad ak-t-senzeɣ s 9 imelyan? Xeṣreɣ.**	• Je te jure «par toutes les croyances» que je n'ai aucun bénéfice. Je l'ai acheté à 10 millions, comment veux-tu que je te le vende à 9 millions. Je suis perdant.
• **Ad ak-rnuɣ amelyun, d ay-a.**	
• **Ur zmireɣ ara ad ak-rnuɣ sennig umelyun.**	• Je ne ne peux t'ajouter plus d'un million.
• **Ad ak-tt-in-ǧǧeɣ alfin, ulac ddaw !**	• Je te le laisse pour deux mille, pas moins !

13 Parler de la cuisine

Expressions diverses et lexique de la cuisine

- **Aql-i deg tkuzint (tenwalt)**
- **Eww. Seww. Asewwi. Aɣrum yewwa. Seww imekli. Seww imensi.**
- **Niwel**
- **Ṣfur seksu. Ifur seksu.**
- **Seww 1-seksu (2-aɣrum, 3-claḍa, 4-leεdes, 5-sbagiti, 6-lmaqarun, 7-rruẓ, 8-tifeɣwa, 9-akval, 10-lḥemmeẓ, 11-lubiyan taqurant, 12-luviyan tazegzawt, 13-timlellalin tuftiyin, 14-timellalin yeqlan, 15- lbaṭata tuftit, 16-lbaṭaṭa yeqlan, 17-ameqful/čiwčiw, 18-berkukes, 19-tiεesvanin, 20-leḥmis.**
- **Reyyec (reggec), zlef, gzem 1-ayaẓiḍ, 2-ikerri, 3-ilef, 4-awtul n lexla, 5-awtul n wexxam, atg.**
- **Ayefki-a ur ẓẓid ara, rnu-yas sker. Aseqqi-a d amessas, rnu-yas lemleḥ. Aksum-a d ameryan, terriḍ-as aṭas n lemleḥ. Aɣrum-a d areqqaq, ur yesεi ara imassen. Aɣrum-a d azuran, yesεa aṭas n yimassen, yerna yeqqur. Iɣi-ya d asemmam, deyyer-it.**
- **1-Qlu sserdin, 2-serkem ayefki, 3-seḥmu aman, 4-seknef aksum, 5-gzem lebṣel, 6-seqcer lbaṭata, 7-erẓ timellalin, 8-fettet, 9-sdegdeg, 10-rwi kullec, 11-sexleḍ kullec, 12-seww di lkucca.**
- **Rnu-yas leḥwal n teccuyt, lekrafeẓ, lemεednus, lemleḥ (tisent), ifelfel aberkan, ifelfel azeggaɣ, ifelfel aqerḥan/aḥlawan, skenğbir, lkemmun, lkerkum, ẓεefran, ẓẓεεter, rrend, lqerfa, nneεneε, azemmur, zzit, sker, lxel, tamtunt, lfarina, awren, udi.**
- **Rnu aksum n uyaziḍ, aksum n udandun, aksum n uɣelmi, aksum n ubeqri, lḥut, acedluḥ.**
- **Sers ɣef ṭṭabla 1-taccuyt, 2-taḍebsit/tiḍebsiyin, 3-tafurciḍt/tifurciḍin, taɣenğawt/tiɣenğawin (tiflut/tifelwin), 3-takasrunt/tkasrunin,**

- Je suis dans la cuisine.
- Être cuit. Cuire. La cuisson. La galette (le pain) est cuite. Préparer le déjeuner. Préparer le dîner.
- Faire la cuisine.
- Cuire le couscous à la vapeur. Le couscous est cuit à la vapeur.
- Préparer 1-le couscous (2-la galette, 3-la salade, 4-les lentilles, 5-des spaghettis, 6-des macaronis, 7-du riz, 8-des artichauts, 9-du maïs, 10-pois chiches, 11-des haricots secs, 12-des haricots verts, 13-des œufs durs, 14-des omelettes, 15-la pomme de terre à l'eau, 16-frites, 17-le couscous à légumes vapeur, 18- Berkoukes, 19-panse farcie, 20- salade piments tomates.
- Déplumer, faloter, couper 1-le poulet, 2-le mouton, 3-le cochon, 4-le lièvre, 5-le lapin, etc.
- Ce lait n'est pas sucré, ajoute-lui du sucre. Ce bouillon n'a aucun goût, ajoute-lui du sel. Cette viande est amère (trop salée), tu lui as mis trop de sel. Cette galette est mince, elle n'a pas de mie. Cette galette est grosse, elle a beaucoup de mie, et elle est dure. Ce petit lait est acide, jette-le.
- 1-Frire la sardine, 2-bouillir le lait, 3-chauffer l'eau, 4-rôtir la viande, 5-couper les oignons, 6-éplucher la pomme de terre, 7-casser les œufs, 8-émietter, 9-casser en petits morceaux, 10-remuer tout, 11-mélanger tout, 12-cuire au four.
- Ajouter des épices : céleri, persil, sel, poivron noir, paprika, piment fort, piment doux, gingembre, cumin, curcuma, safran, thym, laurier, cannelle, menthe, olive, huile, sucre, vinaigre, levure, farine, semoule, beurre.
- Ajouter de la viande de poulet, de dinde, de la viande ovine, de la viande bovine, du poisson, de la viande sèche.
- Déposer sur la table 1-la marmite, 2-une assiette/des assiettes, 3-une fourchette/des fourchettes, une cuillère/des cuillères, une casserole/des casseroles,

4-aseksut, 5-aɣenğa (iflu), 6-lkas/ kisan, 7-afenğal/ifenğalen, 8-ameqli, 9-taqerɛunt n waman, 10-lmus/lemwas.

4-un couscoussier, 5-une louche, 6-un verre/des verres, 7-une tasse/des tasses, 8-un poêle, 9-une bouteille d'eau, 10-un couteau/des couteaux.

- **Sers aɣrum deg ṭṭbeq.** — Mets le pain dans la corbeille.
- **Sired leqlul, ḥukk-iten, cell-iten (slil-iten), sfeḍiten, settef-iten deg leqjer-nnsen.** — Lave les ustensiles de cuisine (faire la vaisselle), frotte-les, rince-les, range-les dans leur tiroir.
- **Ṭebbeq iṭarcunen.** — Plie les torchons.
- **Brez ṭṭabla, sfeḍ-itt.** — Débarrasse la table, essuie-la.
- **Nneḍ takuzint, sɛeddi-yas aneccaf.** — Balaye la cuisine, passe-lui la serpillière.
- **Sers afarmaj deg ufrijidar (imsismeḍ)** — Dépose le fromage dans le réfrigérateur.
- **Ečč imensi. Ečč imekli.** — Dîner (v.) Déjeuner (v.)
- **S tezmert n yimekli-inek. S tezmert n yimensi-inek.** — Bon appétit (au dîner) Bon appétit (au déjeuner)

Tamawt - Remarque

Le verbe « seww» (cuisiner) prononce [seww] , [sebbw] , [seggw], selon les régions de la Kabylie.
Asewwi (nom d'action de cuisiner) se prononce [asebbwi], [aseggwi], [asewwi].

Il faut distinguer ces paronymes :

- sew : boire ;
- ssew : arroser ;
- seww : cuisiner ;
- ssu : préparer la literie.

Ex. : Teswiḍ aman (Tu as bu de l'eau) ;
Tesswed tibḥirt (Tu as arrosé le jardin) ;
Tsewweḍ ifelfel (Tu as cuit les piments) ;
Tessiḍ-d ussu (tu as fait le lit).

Ifecka n tenwalt

Les ustensiles de cuisine

Tagella d tissit

Aliments et boissons

Ayefki
lait

Ikkil
lait caillé

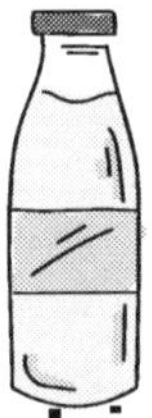
Iɣi
Petit-lait

Ayefki n tfunast
Lait de vache

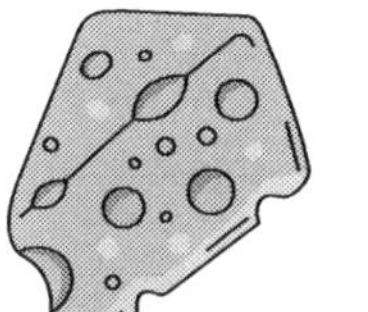
Tiklilt/Afarmaj
Fromage

Aman
Eau

Iẓem n llim
Jus

Iẓem n čina
Jus d'orange

Tagazuzt
Soda

Ccrab
vin

Tabyirt
Bière

Lqahwa/Tacrift
Café

Ttay
Thé

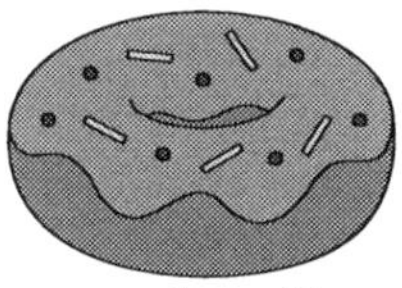
Tasfenǧet
Crêpes

Aɣrum
Pain

Udi
Beurre

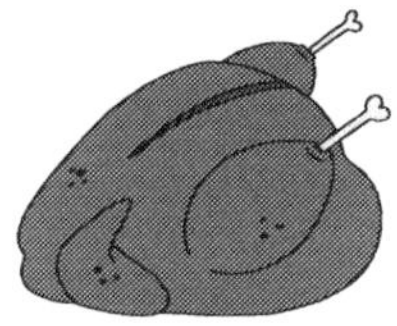
Ayaziḍ
Poulet

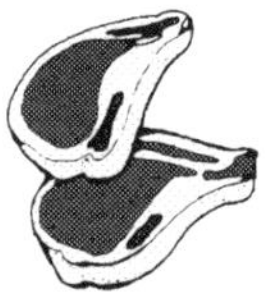
Aksum
viande

Aksum yeẓden
viande hachée

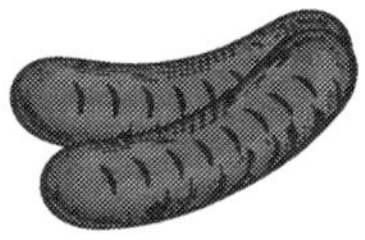
Lmergaz
Mergez

Lḥut/Aslem
Poisson

Azemmur imerqed
Olives en saumure

Zzit n uzemmur
Huile d'olive

Leɛdes
Lentilles

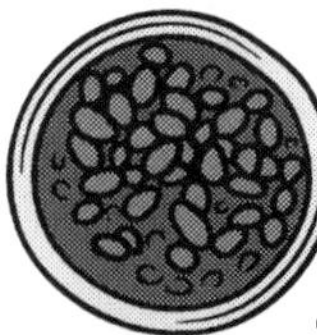
Lubiyan
Haricots

Timellalin tuftiyin
Oeufs durs

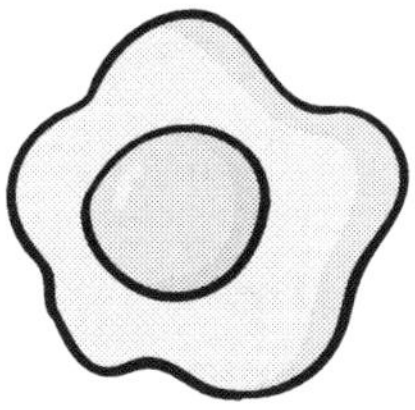
Timellalin yeqqlan
omellette

Lbaṭaṭa yeqqlan
Frites

Lbaṭaṭa yeẓden
Purée de pomme de terre

Tiɣrifin
Crêpes

Iguma d yizegza

Fruits et légumes

Čina Ilim / Iqares Tabexsist Akermus Tiẓurin

Tifirest Tteffaḥ/Adeffu Ddellaɛ Abeṭṭix Afeqqus Tubrazt

Tareḍlimt Lisriz Lbanan Tizwal Asisnu Abelluḍ

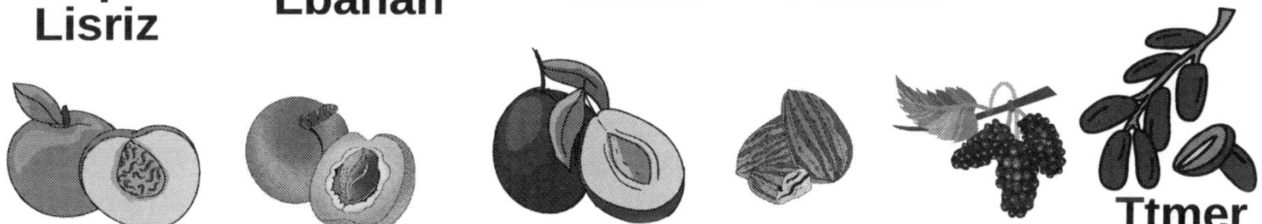

Lxux Ammaz Lmecmac Lɛin Lluz Ttut Ttmer Tiyni

Iberčečča Amiṭuc Lbaṭaṭa Ẓrudiya Lleft Tirekmin Ifelfel

Tisekkert Taga Tifeɣwa Claḍa Lebṣel/Aẓalim Taxsayt

Tajilbant Takrembet Tibitas Akbal Abesbas

14 Exprimer son point de vue

Exprimer son avis

Questionner

- **D acu i d rray-ik ?**
- **D acu i d rray-ik ɣef** temlilit n wass-a **?**
- **D acu i d tifrat ?**
- D ayen i tebɣiḍ, **niɣ ?**
- D wa i d axemme-inek, **neɣ ala?**
- D anect-a i d-tenniḍ, **yak ?**
- **Amek tettwaliḍ** ayen akka i d-yeḍran.
- Nessaram **ad aɣ-d-tefkem tamuɣli-nwen.**

- Quelle est ton opinion ?
- Quel est ton avis sur la rencontre d'aujourd'hui ?
- Quelle est la solution ?
- C'est ce que tu veux, non ?
- C'est ce que tu penses, oui ou non ?
- C'est ce que tu as dit, n'est-ce pas ?
- Comme vois-tu ce qui s'est passé ?
- Nous souhaiterions que vous nous donniez votre avis.

Répondre

- **Ɣef wakken ttwaliɣ** ________________
- **Yettban-iyi-d** ________________
- **D ta i d tamuɣli-iw, d wa i d rray-iw.**

- Selon moi, ________________
- Cela me paît, ________________
- C'est cela mon avis, mon opinion est celle-ci

Exprimer son accord

- **Yelha way-a.**
- **Wufqeɣ rray-ik (tamuɣli-k).**
- **Wufqeɣ ayen i d-tenniḍ (ayen i txedmeḍ)**
- **Akka ih, d tidet.**
- **Teseɛiḍ lḥeq.**
- **D tidet.**
- **Ad d-kemmleɣ ɣef** wayen i d-yenna Yuva, ________________
- **Kifkif-aɣ tamuɣli nekk yid-k.**

- Cela est bien.
- J'approuve ton avis, ton point de vue.
- Je suis d'accord avec ce que tu as dit (ce que tu as fait).
- Absolument, c'est vrai.
- Tu as raison.
- C'est vrai.
- J'abonde dans le sens de Yuva ________
- Nous avons la même opinion.

Exprimer son désaccord

- **Ur yelli d ayen yelhan.**
- **Ur wufqeɣ ara rray-ik (tamuɣli-k).**
- **Ur wufqeɣ ara ayen i d-tenniḍ (ayen i txedmeḍ)**
- **Maččči akka.**
- **Ur teseɛiḍ ara lḥeq. Tḍelmeḍ.**
- **Maččči d tidet wayen i d-tenniḍ.**
- **Timuɣliwin-nneɣ magaradent.**

- Ce n'est pas bien.
- Je n'approuve pas ton avis, ton point de vue.
- Je ne suis pas d'accord avec ce que tu as dit (ce que tu as fait).
- Ce n'est ça.
- Tu n'as pas raison. Tu es en tort.
- Ce n'est pas vrai ce que tu as dit.
- Nos points de vue sont divergents.

Défendre son opinion

Introduire une idée et développer

- **Sliɣ dakken ______________ Ur uggaɣ ara d ayen yelhan. D tikerkas. Acuɣer ? Axaṭer ______________**
- **Di tazwara, ______________**
  Syin akkin ______________
  Rnu ɣer wanect-a ______________
  Yerna ______________
  Ɣer taggara ______________
- **Amedya ______________**
- **Ayen i d-nniɣ d tidet. Tura ad awen-d-iniɣ acimi.**

- J'ai entendu que _________Je ne pense pas que ________. Ce sont des fourberies. Pourquoi? Parce que ______________
- D'abord (premièrement) ______________
  Ensuite ______________
  En outre ______________
- De plus ______________
- Enfin ______________
- Exemple ______________
- Ce que j'ai dit est vrai. Je vais vous dire pourquoi.

Opposer des idées

- **Xuḍi, ______________**
- **Meɛna, maca ______________**
- **D acu kan ______________**
- **Ɣas akken ______________**
- **Ɣef tidet ______________**

- Pourtant ______________
- Mais ______________
- Cependant, néanmoins ______________
- Malgré, bien que ______________
- En vérité, en fait ______________

Exprimer la cause, la conséquence, la comparaison.

- **Axaṭer ______________**
- **Acku ______________**
- **Seg wakken ______________**
- **Imi ______________**
- **Af-d tasebbiwt dakken ______________**
- **Maččči axaṭer _________ meɛna ______**
- **Ɣef wanect-a i ______________**
- **Armi ______________**
- **Dɣa ______________**
- **Daɣnetta ______________**

- Parce que ______________
- Parce que ______________
- Du fait que ______________
- Etant donné que ______________
- Prétexter que ______________
- Non que ___________ mais ___________
- C'est la raison pour laquelle ______________
- A tel point que ______________
- Du coup, donc ______________
- C'est pourquoi ______________

Poser des conditions, faire des hypothèses

- **Limmer (amer) ______ talfi (tili) ______**
- **A wi yufan ______________**
- **Awi-d ukan ______________**
- **Ammar ______________**

- Si ______________ (conditionnel) ______
- On aurait voulu que ______________
- On voudrait que ______________
- De crainte de ______________

Exprimer une opinion mitigée

- **Ɣileɣ dakken ______________**
- **Nwiɣ dakken ______________**
- **Uggaɣ ______________**
- **Ur cukkeɣ ara dakken ______________**
- **Ahat ______________**

- J'ai cru que ______________
- J'ai pensé que ______________
- Je crois ______________
- Je ne crois pas que ______________
- Peut-être ______________

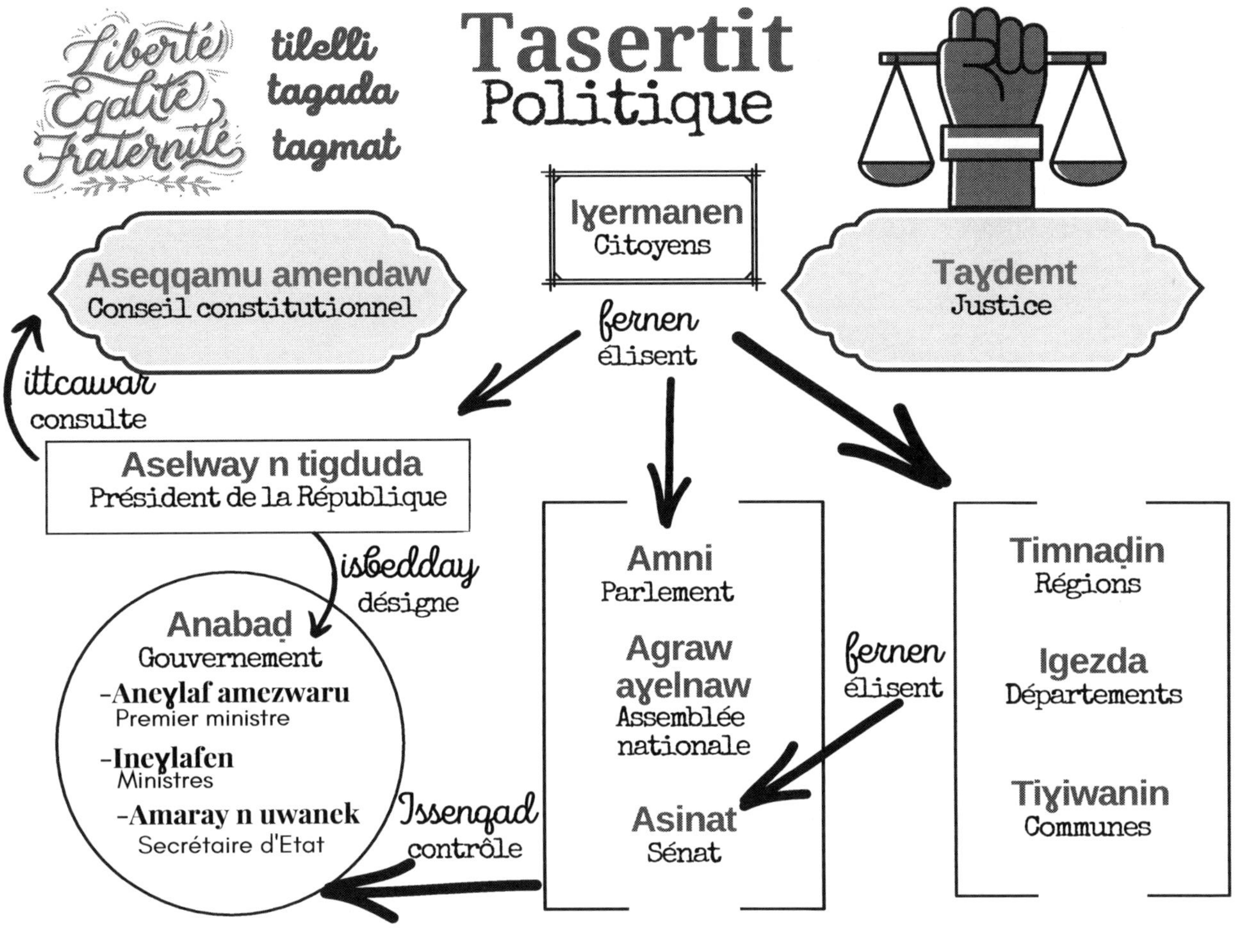

Tisuda n Tagduda tis-5 di Fransa

Les institutions de la République en France

Tamendawt : *la Constitution*
Tugdut : *la démocratie*
Tagduda : *la République*
Amagday : *républicain*
Tadafrit *: laïcité*
Tifranin : *élections*
Tajmaɛt : *assemblée du village*
Adabu : *pouvoir*
Agellid : *Roi*
Ageldun : *prince*
Tadawsa : *Santé*
Tadamsa : *économie*
Amezruy : *histoire*
Drapeau : *anay*
Akabar asertan : *parti politique*
Ameɣnas : *militant*
Aneɣmas : *journaliste*
Taɣamsa : *presse*
Asɣan : *religion*
Tagrawla: *révolution*

Tidukla n Turupt: *Union européenne*
Tuddsa n Waɣlanen yedduklen: *ONU*
Tuddsa : *organisation*
Tiddukla : *association*
Tasnakta : idéologie
Addal : *Sport*
Etat : *Etat*
Asaḍuf (p. **isuḍaf)** : *lois*
Anemhal : *directeur*
Tilelli : *liberté*
Amaḍal : *monde*
Agraɣlan : *international*
Timetti : *société*
Aɣref : *peuple*
Aɣlan : *nation*
Taɣerfant : *patrie*
Aɣelnaw *: national*
Tamurt : pays
Afraniman : *auto-détermination*
Timunent : *indépendance*

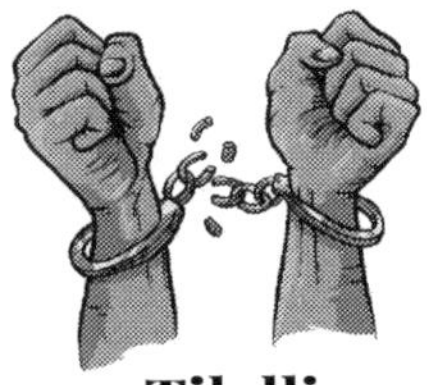
Tilelli

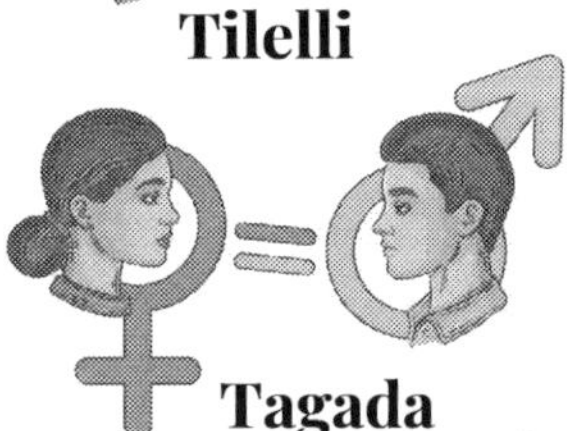
Tagada

Tayri

Talwit

Tasenselkimt- Informatique

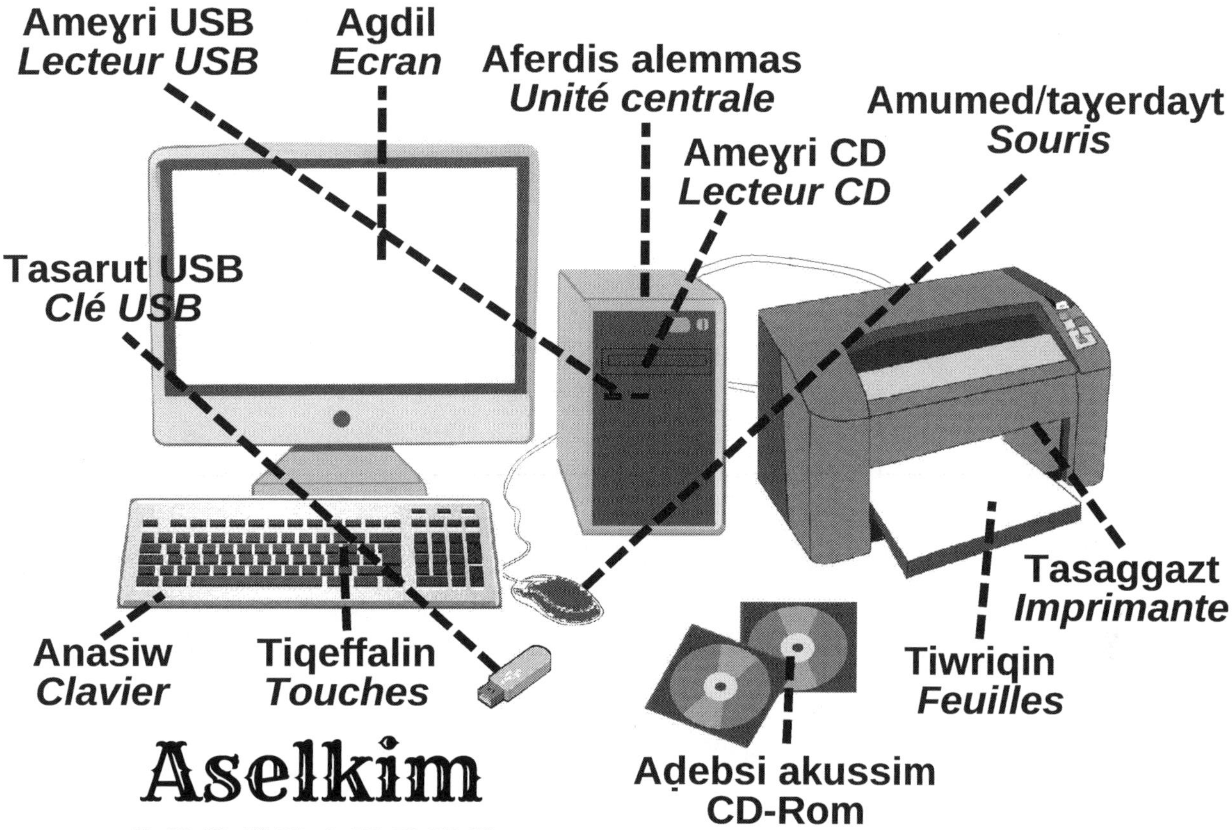

Aselkim
ORDINATEUR

Tigzi taragmawant : *intelligence artificielle*
Tansa e-mail : *adresse e-mail*
Azeṭṭa anmetti : *réseau social*
Amiḍan n facebook, n twitter, n youtube... : *compte facebook...*
Wennet : *commenter*
Awennit : *commentaire*
Agraw : *groupe*
Page : *asebter*
Tugna : *image*
Tawlaft : *photo*
Tasegdadt : *publication*
Segded : *publier*
Zuzzer : *partager*
Kkes : *supprimer*

Ger : *insérer*
Asmel web : *site web*
Takatut / Tacfawit : *mémoire.*
Amikṛusekkar : *microprocesseur*
Siggez : *imprimer*
Senser : *se déconnecter.*
Ssed/kliki : *cliquer*
Ssed/kliki snat tikkal : *double-cliquer*
Taḥnaccaḍt : *curseur.*
Azen : *envoyer*
Izen : *message*
Anadi : *recherche*
Nadi : *Rechercher*

Conjugaison des verbes repères

Forme 1 : C1C2eC3

Exemple: **zger** (traverser)

Aoriste	Aoriste intensif	Prétérit	Prétérit négatif
Radical: C1C2eC3: **zger**	**Radical:** C1eC2C2eC3: **zegger**	**Radical:** C1C2eC3: **zger**	**Radical:** C1C2iC3: **zgir**
(ad) zegre**ɣ**	zeggre**ɣ**	zegre**ɣ**	(ur) zgire**ɣ** (ara)
(ad) **t**zegre**ḍ**	**t**zeggre**ḍ**	**t**zegre**ḍ**	(ur) **te**zgire**ḍ** (ara)
(ad) **i**zger	**i**zegger	**i**zger	(ur) **i**zgir (ara)
(ad) **te**zger	**t**zegger	**te**zger	(ur) **te**zgir (ara)
(ad) **ne**zger	**n**zegger	**ne**zger	(ur) **ne**zgir (ara)
(ad) **t**zegre**m**	**t**zeggre**m**	**t**zegre**m**	(ur) **te**zgire**m** (ara)
(ad) **t**zegre**mt**	**t**zeggre**mt**	**t**zegre**mt**	(ur) **te**zgire**mt** (ara)
(ad) zegre**n**	zeggre**n**	zegre**n**	(ur) zgire**n** (ara)
(ad) zegre**nt**	zeggre**nt**	zegre**nt**	(ur) zgire**nt** (ara)

Impératif	Impératif intensif	Participe		Participe négatif
zger zegre**m** zegre**mt**	zegger zeggre**m** zeggre**mt**	passé **i**zegre**n**	aoriste (ara +) **i**zegre**n**	passé (ur+) **ne**zgir
		aoriste intensif (i +) **i**zeggre**n**		aoriste intensif (ur +) **n**zegger

Forme 2 : C1C2C2eC3

Exemple: **neggez** (sauter)

Aoriste	Aoriste intensif	Prétérit	Prétérit négatif
C1eC2C2eC3: **neggez**	ttC1eC2C2iC3: **ttneggiz**	C1eC2C2eC3: **neggez**	C1eC2C2eC3: **nggiz**
(ad) neggze**ɣ**	ttneggize**ɣ**	neggze**ɣ**	(ur) nggize**ɣ** (ara)
(ad) **t**neggze**ḍ**	**te**ttneggize**ḍ**	**t**neggze**ḍ**	(ur) **te**nggize**ḍ** (ara)
(ad) **i**neggez	**i**ttneggiz	**i**neggez	(ur) **i**nggiz (ara)
(ad) **t**neggez	**te**ttneggiz	**t**neggez	(ur) **te**nggiz (ara)
(ad) **n**neggez	**ne**ttneggiz	**n**neggez	(ur) **ne**nggiz (ara)
(ad) **t**neggze**m**	**te**ttneggize**m**	**t**neggze**m**	(ur) **te**nggize**m** (ara)
(ad) **t**neggze**mt**	**te**ttneggize**mt**	**t**neggze**mt**	(ur) **te**nggize**mt** (ara)
(ad) neggze**n**	ttneggize**n**	neggze**n**	(ur) nggize**n** (ara)
(ad) neggze**nt**	ttneggize**nt**	neggze**nt**	(ur) nggize**nt** (ara)

Impératif	Impératif intensif	Participe		Participe négatif
neggez neggze**m** neggze**mt**	ttneggiz ttneggize**m** ttneggize**mt**	passé **i**neggze**n**	aoriste (ara +) **i**neggze**n**	passé (ur+) **ne**nggiz
		aoriste intensif (i +) **i**ttneggize**n**		aoriste intensif (ur +) **n**neggez

(*) C : consonne **V:** voyelle

Forme 3 : C1C2u

Exemple: **rnu** (ajouter)

Aoriste	Aoriste intensif	Prétérit	Prétérit négatif
C1C2u : **rnu**	C1eC2C2u : **rennu**	C1C2i : **rni / rna**	C1C2i: **rni**
(ad) rnu**ɣ**	rennu**ɣ**	rni**ɣ**	(ur) rni**ɣ** (ara)
(ad) **t**ernu**ḍ**	**t**rennu**ḍ**	**t**erni**ḍ**	(ur) **t**erni**ḍ** (ara)
(ad) **i**rnu	**i**rennu	**i**rna	(ur) **i**rni (ara)
(ad) **t**ernu	**t**rennu	**t**erna	(ur) **t**erni (ara)
(ad) **n**ernu	**n**rennu	**n**erna	(ur) **n**erni (ara)
(ad) **t**ernu**m**	**t**rennu**m**	**t**erna**m**	(ur) **t**erni**m** (ara)
(ad) **t**ernu**mt**	**t**rennu**mt**	**t**erna**mt**	(ur) **t**erni**mt** (ara)
(ad) rnu**n**	rennu**n**	rna**n**	(ur) rni**n** (ara)
(ad) rnu**nt**	rennu**nt**	rna**nt**	(ur) rni**nt** (ara)

<table>
<tr><th>Impératif</th><th>Impératif intensif</th><th colspan="2">Participe</th><th>Participe négatif</th></tr>
<tr><td rowspan="2">rnu
rnum
rnumt</td><td rowspan="2">rennu
rennum
rennumt</td><td>passé
irnan</td><td>aoriste (ara +)
irnun</td><td>passé (ur+)
nerni</td></tr>
<tr><td colspan="2">aoriste intensif (i +)
irennun</td><td>aoriste intensif (ur +)
nrennu</td></tr>
</table>

Forme 4 : C1aC2eC3

Exemple: **wanes** (tenir compagnie à)

Aoriste	Aoriste intensif	Prétérit	Prétérit négatif
C1aC2eC3: **wanes**	ttC1aC2aC3: **ttwanas**	C1uC2eC3: **wunes**	C1uC2eC3: **wunes**
(ad) wanse**ɣ**	ttwanase**ɣ**	wunse**ɣ**	(ur) wunse**ɣ** (ara)
(ad) **t**wanse**ḍ**	**t**ettwanase**ḍ**	**t**wunse**ḍ**	(ur) **t**wunse**ḍ** (ara)
(ad) **i**wanes	**i**ttwanas	**i**wunes	(ur) **i**wunes (ara)
(ad) **t**wanes	**t**ettwanas	**t**wunes	(ur) **t**wunes (ara)
(ad) **n**wanes	**n**ettwanas	**n**wunes	(ur) **n**wunes (ara)
(ad) **t**wanse**m**	**t**ettwanase**m**	**t**wunse**m**	(ur) **t**wunse**m** (ara)
(ad) **t**wanse**mt**	**t**ettwanase**mt**	**t**wunse**mt**	(ur) **t**wunse**mt** (ara)
(ad) wanse**n**	ttwanase**n**	wunse**n**	(ur) wunse**n** (ara)
(ad) wanse**nt**	ttwanase**nt**	wunse**nt**	(ur) wunse**nt** (ara)

<table>
<tr><th>Impératif</th><th>Impératif intensif</th><th colspan="2">Participe</th><th>Participe négatif</th></tr>
<tr><td rowspan="2">wanes
wansem
wansemt</td><td rowspan="2">ttwanas
ttwanasem
ttwanasemt</td><td>passé
iwunsen</td><td>aoriste (ara +)
iwansen</td><td>passé (ur+)
nwunes</td></tr>
<tr><td colspan="2">aoriste intensif (i +)
ittwanasen</td><td>aoriste intensif (ur +)
nettwanas</td></tr>
</table>

Forme 5 : C1uC2(C2)

Exemple: **ɛumm** (nager)

Aoriste	Aoriste intensif	Prétérit	Prétérit négatif
C1uC2C2 : **ɛumm**	ttC1uC2C2u : **rennu**	C1uC2C2 : **ɛumm**	C1uC2C2 : **ɛumm**
(ad) ɛumme**ɣ**	ttɛummu**ɣ**	ɛumme**ɣ**	(ur) ɛumme**ɣ** (ara)
(ad) **t**ɛumme**ḍ**	**tett**ɛummu**ḍ**	**t**ɛumme**ḍ**	(ur) **t**ɛumme**ḍ**(ara)
(ad) **i**ɛumm	**itt**ɛummu	**i**ɛumm	(ur) **i**ɛumm(ara)
(ad) **t**ɛumm	**tett**ɛummu	**t**ɛumm	(ur) **t**ɛumm(ara)
(ad) **n**ɛumm	**nett**ɛummu	**n**ɛumm	(ur) **n**ɛumm (ara)
(ad) **t**ɛumme**m**	**tett**ɛummu**m**	**t**ɛumme**m**	(ur) **t**ɛumme**m**(ara)
(ad) **t**ɛumme**mt**	**tett**ɛummu**mt**	**t**ɛumme**mt**	(ur) **t**ɛumme**mt**(ara)
(ad) ɛumme**n**	ttɛummu**n**	ɛumme**n**	(ur) ɛumme**n** (ara)
(ad) ɛumme**nt**	ttɛummu**nt**	ɛumme**nt**	(ur) ɛumme**nt** (ara)

Impératif	Impératif intensif	Participe		Participe négatif
ɛumm ɛumme**m** ɛumme**mt**	ttɛummu ttɛummu**m** ttɛummu**mt**	passé **i**ɛumme**n**	aoriste (ara +) **i**ɛumme**n**	passé (ur+) **n**ɛumm
		aoriste intensif (i +) **itt**ɛummu**n**		aoriste intensif (ur +) **net**tɛummu

Forme 6 : C1uC2eC3

Exemple: **susem** (se taire)

Aoriste	Aoriste intensif	Prétérit	Prétérit négatif
C1uC2eC3: **susem**	C1uC2uC3: **susum**	C1uC2eC3: **susem**	C1uC2eC3: **susem**
(ad) susme**ɣ**	susume**ɣ**	susme**ɣ**	(ur) susme**ɣ** (ara)
(ad) **t**susme**ḍ**	**t**susume**ḍ**	**t**susme**ḍ**	(ur) **t**susme**ḍ** (ara)
(ad) **i**susem	**i**susum	**i**susem	(ur) **i**susem (ara)
(ad) **t**susem	**t**susum	**t**susem	(ur) **t**susem (ara)
(ad) **n**susem	**n**susum	**n**susem	(ur) **n**susem (ara)
(ad) **t**susme**m**	**t**susume**m**	**t**susme**m**	(ur) **t**susme**m** (ara)
(ad) **t**susme**mt**	**t**susume**mt**	**t**susme**mt**	(ur) **t**susme**mt** (ara)
(ad) susme**n**	susume**n**	susme**n**	(ur) susme**n** (ara)
(ad) susme**nt**	susume**nt**	susme**nt**	(ur) susme**nt** (ara)

Impératif	Impératif intensif	Participe		Participe négatif
susem susme**m** susme**mt**	susum susume**m** susume**mt**	passé isusme**n**	aoriste (ara +) isusme**n**	passé (ur+) **n**susem
		aoriste intensif (i +) isusume**n**		aoriste intensif (ur +) **n**susum

Forme 7 : C1C1eC2

Exemple: **kker** (se lever)

Aoriste	Aoriste intensif	Prétérit	Prétérit négatif
C1C1eC2 : **kker**	tteC1C1eC2 : **ttekker**	C1C1eC2 : **kker**	C1C1iC2 : **kkir**
(ad) kkreɣ	ttekkreɣ	kkreɣ	(ur) kkireɣ (ara)
(ad) tekkreḍ	tettekkreḍ	tekkreḍ	(ur) tekkireḍ (ara)
(ad) ikker	ittekker	ikker	(ur) ikkir (ara)
(ad) tekker	tettekker	tekker	(ur) tekkir (ara)
(ad) nekker	nettekker	nekker	(ur) nekkir (ara)
(ad) tekkrem	tettekkrem	tekkrem	(ur) tekkirem (ara)
(ad) tekkremt	tettekkremt	tekkremt	(ur) tekkiremt (ara)
(ad) kkren	ttekkren	kkren	(ur) kkiren (ara)
(ad) kkrent	ttekkrent	kkrent	(ur) kkirent (ara)

Impératif	Impératif intensif	Participe		Participe négatif
kker kkrem kkremt	ttekker ttekkrem ttekkremt	passé ikkren	aoriste (ara +) ikkren	passé (ur+) nekkir
		aoriste intensif (i +) ittekkren		aoriste intensif (ur +) nettekker

Forme 8 : (C1)C1eC2eC1eC2

Exemple: **fferfer** (s'envoler)

Aoriste	Aoriste intensif	Prétérit	Prétérit négatif
C1C1eC2C1eC2: **fferfer**	ttC1eC2C1iC2: **ttferfir**	C1C1eC2C1eC2: **fferfer**	C1C1eC2C1eC2: **fferfer**
(ad) ffrefreɣ	ttferfireɣ	ffrefreɣ	(ur) ffrefreɣ (ara)
(ad) teffrefreḍ	tettferfireḍ	teffrefreḍ	(ur) teffrefreḍ (ara)
(ad) ifferfer	ittferfir	ifferfer	(ur) ifferfer (ara)
(ad) tefferfer	tettferfir	tefferfer	(ur) tefferfer (ara)
(ad) nefferfer	nettferfir	nefferfer	(ur) nefferfer (ara)
(ad) teffrefrem	tettferfirem	teffrefrem	(ur) teffrefrem (ara)
(ad) teffrefremt	tettferfiremt	teffrefremt	(ur) teffrefremt (ara)
(ad) ffrefren	ttferfiren	ffrefren	(ur) ffrefren (ara)
(ad) ffrefrent	ttferfirent	ffrefrent	(ur) ffrefrent (ara)

Impératif	Impératif intensif	Participe		Participe négatif
fferfer ffrefrem ffrefremt	ttferfir ttferfirem ttferfiremt	passé iffrefren	aoriste (ara +) iffrefren	passé (ur+) nefferfer
		aoriste intensif (i +) ittferfiren		aoriste intensif (ur +) nettferfir

Forme 9 : C1C2i

Exemple: **fti** (se conjuguer, se multiplier)

Aoriste	Aoriste intensif	Prétérit	Prétérit négatif
C1C2i : **fti**	C1eC2C2i : **fetti**	C1C2i : **fti**	C1C2i : **fti**
(ad) fti**ɣ**	fetti**ɣ**	fti**ɣ**	(ur) fti**ɣ** (ara)
(ad) **t**efti**ḍ**	**t**fetti**ḍ**	**t**efti**ḍ**	(ur) **t**efti**ḍ** (ara)
(ad) **i**fti	**i**fetti	**i**fti	(ur) **i**fti (ara)
(ad) **t**efti	**t**fetti	**t**efti	(ur) **t**efti (ara)
(ad) **n**efti	**n**fetti	**n**efti	(ur) **n**efti (ara)
(ad) **t**efti**m**	**t**fetti**m**	**t**efti**m**	(ur) **t**efti**m** (ara)
(ad) **t**efti**mt**	**t**fetti**mt**	**t**efti**mt**	(ur) **t**efti**mt** (ara)
(ad) fti**n**	fetti**n**	fti**n**	(ur) fti**n** (ara)
(ad) fti**nt**	fetti**nt**	fti**nt**	(ur) fti**nt** (ara)

Impératif	Impératif intensif	Participe		Participe négatif
		passé	aoriste (ara +)	passé (ur+)
fti fti**m** fti**mt**	fetti fetti**m** fetti**mt**	iftin	iftin	nefti
		aoriste intensif (i +)		aoriste intensif (ur +)
		ifetti**n**		**n**fetti

Forme 10 : C1C2eC3C4eC5

Exemple: **sgermec** (craquer)

Aoriste	Aoriste intensif	Prétérit	Prétérit négatif
C1C2eC3C4eC5: **sgermec**	C1C2eC3C4iC5: **sgermic**	C1C2eC3C4eC5: **sgermec**	C1C2eC3C4eC5: **sgermec**
(ad) segremce**ɣ**	sgermice**ɣ**	segremce**ɣ**	(ur) segremce**ɣ** (ara)
(ad) **t**segremce**ḍ**	**t**esgermice**ḍ**	**t**segremce**ḍ**	(ur) **t**segremce**ḍ** (ara)
(ad) **i**sgermec	**i**sgermic	**i**sgermec	(ur) **i**sgermec (ara)
(ad) **t**esgermec	**t**esgermic	**t**esgermec	(ur) **t**esgermec (ara)
(ad) **n**esgermec	**n**esgermic	**n**esgermec	(ur) **n**esgermec (ara)
(ad) **t**segremce**m**	**t**esgermice**m**	**t**segremce**m**	(ur) **t**segremce**m** (ara)
(ad) **t**segremce**mt**	**t**esgermice**mt**	**t**segremce**mt**	(ur) **t**segremce**mt** (ara)
(ad) segremce**n**	sgermice**n**	segremce**n**	(ur) segremce**n** (ara)
(ad) segremce**nt**	sgermice**nt**	segremce**nt**	(ur) segremce**nt** (ara)

Impératif	Impératif intensif	Participe		Participe négatif
		passé	aoriste (ara +)	passé (ur+)
sgermec segremce**m** segremce**mt**	sgermic sgermice**m** sgermice**mt**	isegremce**n**	iffrefre**n**	nesgermec
		aoriste intensif (i +)		aoriste intensif (ur +)
		isgermice**n**		**n**esgermic

Forme 10 : C1C2eC3C4eC5

Exemple: **sgermec** (croquer)

Aoriste	Aoriste intensif	Prétérit	Prétérit négatif
C1C2eC3C2eC3: **sdegdeg**	:C1C2eC3C2iC3: **sdegdig**	C1C2eC3C2eC3: **sdegdeg**	C1C2eC3C2eC3: **sdegdeg**

Autres formes

Formes simples	Ao.	Ao. Int.	Pr.	Pr. nég.
11: C1a/iC2 **Faq** (se rendre compte)	C1aC2 **faq**	ttC1aC2 **ttfaq**	C1aC2 **faq**	C1aC2 **faq**
12: C1C2VC3eC4 **Zmumeg** (sourire)	C1C2VC3eC4 **zmumeg**	tteC1C2VC3VC4 **ttezmumug**	C1C2VC3eC4 **zmumeg**	C1C2VC3eC4 **zmumeg**
13: aC1eC2 **Aḍen** (être malade)	aC1eC2 **aḍen**	ttaC1eC2 **ttaḍen**	uC1eC2 **uḍen**	aC1iC2 **uḍin**
14: (C1)C1aC2i **Nadi** (chercher)	C1aC2i **nadi**	ttC1aC2i **ttnadi**	C1uC2i **nuda**	C1uC2i **nuda**
15: iC1C2VC3 **Ibrik** (noircir)	iC1C2VC3 **ibrik**	ttiC1C2VC3 **ibrik**	C1eC2C2VC3 **berrik**	C1eC2C2VC3 **berrik**
16: C1eC2C2i **Wehhi** (faire signe)	C1eC2C2i **wehhi**	ttC1eC2C2i **wehhi**	C1eC2C2a **wehha**	C1eC2C2a **wehha**
17: C1C2iC3C4eC5 **Skiddeb** (mentir)	C1C2iC3C4eC5 **skiddeb**	C1C2iC3C4iC5 **Skiddib**	C1C2aC3C4eC5 **skaddeb**	C1C2aC3C4eC5 **skaddeb**
18: C1uC2C3eC4 **Gursel** (manquer de cuisson)	C1uC2C3eC4 **gursel**	ttC1uC2C3eC4 **ttgursul**	C1uC2C3eC4 **gursel**	C1uC2C3eC4 **gursel**
19: C1C2uC3C4eC5 **Ckunteḍ** (s'accrocher)	C1C2uC3C4eC5 **Ckunteḍ**	C1C2uC3C4uC5 **Ckuntuḍ**	C1C2uC3C4eC5 **Ckunteḍ**	C1C2uC3C4eC5 **Ckunteḍ**
20: (C1)C1eC2C3eC4 **dderbez** (tomber) (**)	C1C1eC2C3eC4 **dderbez**	ttC1eC2C3iC4 **ttderbiz**	C1C1eC2C3eC4 **dderbez**	C1C1eC2C3eC4 **dderbez**
21: C1C2iC3eC4 **grireb** (dégringoler)	C1C2iC3eC4 **grireb**	tteC1C2iC3iC4 **ttegririb**	C1C2aC3eC4 **grareb**	C1C2aC3eC4 **grareb**
22: (C1)C1a/iC2 **ffad** (remplir) **Mil** (pencher)	(C1)C1aC2 **ffad** **mal**	tt(C1)C1aC2 **ttffad** **ttmal**	C1C1u/aC2 **ffud** **mal**	C1C1u/aC2 **ffud** **mal**
23: C1eC2 **Ger** (mettre, introduire)	C1eC2 **ger**	C1C1aC2 **ggar**	C1eC2 **ger**	C1iC2 **gir**
24: eC1C2 **Enz** (être vendu)	eC1C2 **enz**	ttC1uC2 **ttnuz**	C1C2i/a **nzi /nza (***)**	C1C2i/a **nzi**
25: uC1(C2)aC3 **Urar** (jouer) **Uklal** (mériter)	uC1(C2)aC3 **urar** **uklal**	ttuC1(C2)aC3 **tturar** **ttuklal**	uC1(C2)aC3 **urar** **uklal**	uC1(C2)aC3 **urar** **uklal**

(*) Ao. : aoriste **Ao. int. :** aoriste intensif **Pr. :** prétérit **Pr. nég. :** Prétérit négatif

(**) Dderbez : tomber dans une excavation. **(***) nzi**ɣ, **tenzi**ḍ, **inza**, **tenza**, ne**nza**, ten**za**m(t), **nza**n(t)

Récapitulatif des assimilations les plus fréquentes :

Lorsque certains phonèmes se rencontrent, l'un des deux peut disparaître, assimilé par l'autre qui peut se transformer en devenant généralement tendu et parfois labio-vélarisée. Cette déformation phonétique n'est naturellement pas notée. Ce phénomène concerne en particulier les prépositions suivies d'un nom, la particule de l'aoriste *ad* ou le relatif *i/ay* suivi d'un verbe.

Voici un tableau récapitulaif des assimilations et réalisations locales :

Assimilation	écriture	prononciation	
n t- ==> [t-t]	tira n teqvaylit	[tira t-teqvaylit]	*écriture du kabyle*
	amzur n tmeṭṭut	[amzur t-tmeṭṭut]	*cheveux de femme*
n w- ==>[w-w]	avrid n wexxam	[avrid w-wexxam]	*le chemin de la maison*
[g-gw]		[avrid g-gwexxam]	
[g-gw]		[avrid b-bwexxam]	
[p-pw]		[avrid p-pwexxam]	
	yiwen wass / yiwwas	[Yiwwas], [yiggwas], [yibbwas], [yippwas]	*un jour*
n u- ==>[u]	iḍudan n ufus	iḍudan ufus	*les doigts de la main*
n ye- ==>[y-y]	aserwal n yergazen	[aserwal y-yergazen]	*pantalon d'hommes*
		[aserwal g-gergazen]	
n yi- ==>[i]	Aman n yidurar	[aman idurar]	*eau de montagne*
n wu- ==>[g-gu]	tiḥila n wuccen	[tiḥila g-guccen]	*les ruses du chacal*
[w-w]		[tiḥila w-wuccen]	
[b-bu]		[tiḥila b-buccen]	
deg w- ==>[g-gw]	Gneɣ deg wezniq	[gneɣ g-gwezniq]	*J'ai dormi dans la rue.*
		[gneɣ g-gezniq]	
deg ye- ==>[g-g]	deg yedlisen	[g-gedlisen]	*dans les livres*
seg ye- ==>[g-g]	ffɣen-d seg yefran	[ffɣen-d g-gefran]	*Ils sont sortis des grottes.*
deg yi- ==>[g-g]	deg yiverdan	[g-gverdan]	*dans les chemins*
seg yi- ==>[g-g]	Yuder-d seg yidurar	[Yuder-d g-gdurar]	*il est descendu des montagnes.*
deg u- ==>[g-gw]	Afus deg ufus	[afus gwfus]	*main dans la main*
		[afus gfus]	
seg u- ==>[g-gw]	Yeffeɣ-d seg uɛeqqa	[g-gwɛeqqa]	*Il sort d'un grain.*
		[g-gɛeqqa]	
ɣef w- ==>[ɣef-f]	ɣef wexxam	[ɣef-fexxam]	*sur la maison*
ɣef u- ==>[ɣef-fu]	ɣef uyefki	[ɣef-fuyefki]	*sur le lait*
ɣef wu- ==>[ɣef-fu]	ɣef wudem	[ɣef-fudem]	*sur le visage*
ɣef ye- =>[ɣef-fe]	ɣef yevlaḍen	[ɣef-fevlaḍen]	*sur des pierres plates*
ɣef yi- ==>[ɣef-f]	ɣef yizem	[ɣef-fizem]	*sur le lion*

am w- ==>[am-m]	am wemdan	[am-memdan]	*comme l'être humain*
d t- ==>[ṭ-ṭ]	d tawwurt	[ṭ-ṭameddit]	*c'est une porte*
	aqcic d teqcict	[aqcic ṭ-ṭeqcict]	*un garçon et une fille*
i i- ==>[i-g]	D netta i iruḥen.	[D netta i-gruḥen]	*C'est lui qui est parti.*
i y- ==>[i-g]	D kečč i yettmeslayen.	[D kečč i-gettmeslayen]	*C'est toi qui parle.*
ḍ t- ==>[ṭ-ṭ]	taseqqaḍt	[taseqqaṭ]	*gourmande*
Ay y- ==>[ay-g]	Ay yecveḥ weqcic-a !	[ay-gecveḥ weqcic-a]	*Qu'il est beau ce garçon !*

ad t- ==>[aṭ-ṭ]	Ad turareḍ	[aṭ-ṭurareḍ]	*Vous jouerez.*
	Ad turar	[aṭ-ṭurar]	
	Ad turarem	[aṭ-ṭurarem]	
	Ad turaremt	[aṭ-ṭuraremt]	

ad n- ==>[an-n]	Ad neldi.	[an-neldi]	*Nous ouvrirons.*
Ad d-t- ==>[ad-d]	Ad d-taseḍ Ad d-tas Ad d-tasem Ad d-tasemt	[ad-d-aseḍ] [ad-d-as] [ad-d-asem] [ad-d-asemt]	*Tu viendras* *Elle viendra* *Vous viendrez (masc.)* *Vous viendrez (fém.)*
Ad d-… ==>[a'd-]	Ad d-aseɣ	[a'd-aseɣ]	*Je viendrai*
ad as-… ==>[a's-]	Ad as-siwleɣ	[a's-siwleɣ] ou [ad as-siwleɣ]	*Je l'appellerai.*
ad t-… ==>[a't-]	Ad t-yawi Ad ten-yawi Ad tent-yawi Ad tt-yawi	[a t-yawi] [a ten-yawi] [a tent-yawi] [a tt-yawi]	*Il le prendra* *Il les prendra (masc.)* *Il les prendra (fém.)* *Il la prendra*
ad k-… ==>[a'k-]	Ad k-ẓreɣ Ad kem-ẓreɣ Ad ken-ẓreɣ Ad kent-ẓreɣ	[a k-ẓreɣ] [a kem-ẓreɣ] [a ken-ẓreɣ] [a kent-ẓreɣ]	*Je te verrai (masc.)* *Je te verrai (fém.)* *Je vous verrai (masc.)* *Je vous verrai (fém.)*
ad ɣ-… ==>[a'ɣ-]	Ad ɣ-tinim Ad aɣ-tinim	[a ɣ-tinim] [ad aɣ-tinim]	*Vous nous direz*

D'autres assimilations qui se produisent lorsque la préposition "n" est suivie d'un nom qui commence par l'une de ces consonnes : r, f, l, m, b.

n r ==>[r-r]	aεeqqa n rremman	[aεeqqa r-rremman]	*grain d'amande*
n f ==>[f-f]	taqendurt n Faḍma.	[taqendurt f-faḍma]	*robe de Fadhma*
n l ==>[l-l]	Ifer n lğuz	[ifer l-lğuz]	*feuille de noix*
n m ==>[m-m]	Axxam n Murad	[axxam m-Murad]	*maison de Mourad.*
n b ==>[m-b]	tajeğğigt n vivras	[tajeğğigt m-mbivras]	*fleur de l'ail triquètre*

Nombres cardinaux en berbère

1	Yiwen/yan	11	mraw-yan	30	kradet n tmerwin
2	Sin	12	mraw-sin	40	kuẓet n tmerwin
3	krad	13	mraw-krad	50	semmuset n tmerwin
4	kuẓ	14	mraw-kuẓ	60	seddiset n tmerwin
5	semmus	15	mraw-semmus	100	tawinest
6	sḍis	16	mraw-sḍis	200	snat n twinas
7	sa	17	mraw-sa	1000	agim
8	ṭam	18	mraw-ṭam	2000	sin n yigiman
9	tẓa	19	mraw-tẓa	1000000	amelyun
10	mraw	20	snat n tmerwin	1000000000	amelyar

Ces nombres s'accordent en genre avec le nom auquel ils se rapportent. Le féminin se forme alors sur le masculin par la suffixation de « -t » : yiwet, snat, kradet, kuẓet, semmuset, seddiset, sat, ṭamet, tẓat, mrawet, etc.

Les jours de la semaine :

Les noms des jours de la semaine sont, en kabyle populaire, d'origine arabe mais leurs formes a subi des modifications. A l'école, ce sont les noms des jours berbères qui sont enseignés.

Les jours en kabyle populaire	*Les jours en berbère*	
Letnayen	Arim	*Lundi*
Ttlata	Aram	*Mardi*
Larevεa	Ahad	*Mercredi*
Lexmis	Amhad	*Jeudi*
Lğemεa	Sem	*Vendredi*
Ssevt	Sed	*Samedi*
Lḥedd	Acer	*Dimanche*

Bibliographie

- Basset, A. et PICARD, A. Elément de grammaire berbère (Kabylie-Irjen), Éd. "La Typo-Litho" et J. Carbonel réunies, 1948.
- Basset, André. La langue berbère-Morphologie-Le verbe berbère- Etude de thèmes, rééd. de 2005, Paris, L'Harmattan.
- Bouamara, Kamal, Issin wis-sin, Asegzawal n teqbaylit, Tizi-Ouzou, l'Odyssée, 2017
- Bouamara, Kamal, Amyag n teqbaylit, Amur amezwaru : asesmel n talɣiwin, Ur Yettnuz, ur irehhen2023
- Centre de recherche berbère (Inalco, Paris), Tira n tmaziɣt, Propositions pour la notation usuelle à base latine du berbère, juillet 1996.
- Dallet, J.-M., Dictionnaire français-kabyle. Parler des Ait Mangellat, 1985, Paris, SELAF (Societe d'Etudes Linguistiques et Anthropologiques de France)(Mahgreb-Sahara)
- Benmokhtar, Farid, Lmed taqbaylit, apprendre le kabyle, Yoran Embanner, 2022.
- Hanoteau, A. Essai de grammaire kabyle..., Alger, Bastide libraire, 1858.
- HUYGHE, G., Dictionnaire kabyle-français, Ed. Jourdan (2ème édition), Alger, 1901
- Kherbouche, Karim, Communiquer en français, Tizi-Ouzou, l'Odyssée, 2010
- MAMMERI, Mouloud. Amawal : Tamazight-Français et Français-Tamazight, Ed. Imedyazen, Paris, 1980,
- Naït-Zerrad, Kamel, Mémento grammatical et orthographique de berbère (Kabyle – Chleuh – Rifain), 2011, Paris, L'Harmattan.
- Naït-Zerrad, Kamel, Manuel de conjugaison kabyle, 1994, Paris, L'Harmattan.
- Naït-Zerrad, Kamel, Grammaire moderne du kabyle, Tajerrumt tatrart n teqbaylit1994, Paris, Karthala.

Sitographie

Site :

- https://asegzawal.com/francais/
- http://www.apprendrelekabyle.com
- https://www.dictionnaire-kabyle.com/

Chaines youtube :

- **Apprendre le kabyle** : https://www.youtube.com/c/ApprendreleKabyle/playlists
- **Cloë Abbas** : https://www.youtube.com/results?search_query=cloe+abbas

Crédit images

- La majorité des illustrations appartiennent à la banque d'images libres de droits de l'outil de design graphique, Canva.
- Les illustrations portant une étoile (*) sont générées par le site générateur d'images par Intelligence Artificielle (AI) open source gratuit, craiyon.com, en lui insérant une description textuelle.

DIPLÔME

Félicitations

Nom de l'étudiant : --

Nous avons l'honneur de vous décerner ce diplôme de **niveau A1-A2 de langue kabyle**.

Date :

KARIM KHERBOUCHE
Auteur de **Apprendre à parler kabyle en jouant**

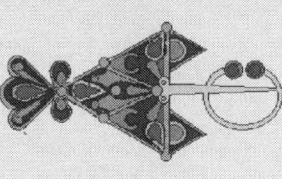

Made in the USA
Las Vegas, NV
02 April 2025

20429607R00079